Couvertures supérieure et inférieure
en couleur

LA RÉFORME FISCALE

PAR LA

SÉCURITÉ DU TITRE FONCIER

PAR

FLOUR DE SAINT-GENIS

EXTRAIT DES ANNALES DE L'ENREGISTREMENT
(ANNÉE 1898)

HAVRE
Imprimerie du Journal LE HAVRE (L. MURER, imprimeur)
35, RUE FONTENELLE, 35
—
1898

ANNALES

DE

L'ENREGISTREMENT

XVIIe ANNÉE

REVUE PRATIQUE ET INDÉPENDANTE

DES RÉFORMES ET CONFLITS ADMINISTRATIFS ET JUDICIAIRES EN MATIÈRE D'IMPÔT,
DE NOTARIAT, D'HYPOTHÈQUES,
DE CADASTRE, DE PROCÉDURE, D'ASSURANCES, DE SOCIÉTÉS

Chronique parlementaire, économique, fiscale, historique et littéraire

DE LA FRANCE ET DE L'ÉTRANGER

PARAISSANT DEUX FOIS PAR MOIS

PLOUR DE SAINT-GENIS, Rédacteur en chef

MURER, Imprimeur et Gérant, au Havre

Les abonnements partent du 1er janvier. Ils sont payables d'avance en un mandat-poste de **10 francs** pour la France, l'Algérie, les Colonies et l'Alsace-Lorraine, de 13 francs pour l'étranger (Union postale) adressé directement à M. MURER, gérant, et dont le talon sert de reçu. Les abonnements sont servis jusqu'à l'avis contraire transmis avant le 31 décembre de l'année courante. A défaut d'envoi au gérant, au plus tard avant le 1er janvier, le recouvrement est suivi, sans nouvel avis, par traite postale, avec addition des frais, soit 50 centimes en plus, le 31 janvier. Nous prions instamment nos abonnés de vouloir bien nous éviter cet embarras.

Chaque fascicule, en dehors de l'abonnement, **75** centimes.

LA

RÉFORME FISCALE

PAR LA

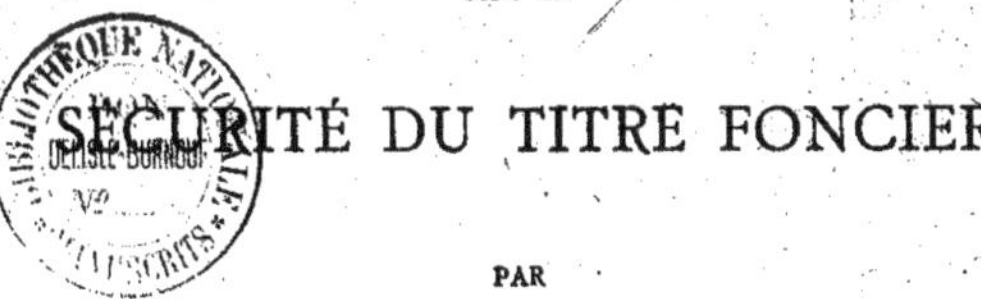

SÉCURITÉ DU TITRE FONCIER

PAR

FLOUR DE SAINT-GENIS

EXTRAIT DES ANNALES DE L'ENREGISTREMENT
(ANNÉE 1898)

HAVRE
Imprimerie du Journal LE HAVRE (L. MURER, imprimeur)
35, RUE FONTENELLE, 35

1898

LA RÉFORME FISCALE

PAR LA SÉCURITÉ DU TITRE FONCIER

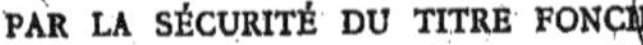

Au moment où l'on va résoudre, avec des hommes nouveaux, le problème inquiétant de la réforme fiscale; à la veille des conclusions que prendra la Commission plénière du Cadastre au double point de vue de la consolidation du droit de propriété et de la sécurité du crédit; au lendemain de la réunion d'un Parlement où le partage des voix assure le succès à ceux qui marcheront droit au but, on nous a prié de résumer les nombreuses questions en instance et de tirer des obscurités de la situation présente les lignes probables du rôle qui sera dévolu à l'Administration de l'Enregistrement si l'assiette des impôts directs est changée et si le droit de mutation devient le pivot du nouveau système.

La France est saturée de fonctionnaires; c'est un motif pour éviter qu'on en crée d'autres; c'en est un surtout pour signaler ceux qui n'émargent guère, quoique travaillant beaucoup.

Cette brève étude, que nous faisons courte pour qu'on la lise, se divise comme suit :

* * *

I. — LE ROLE DE L'ENREGISTREMENT

L'œuvre essentielle de la nouvelle législature sera la refonte du régime fiscal. Les partis en présence ont des programmes définis ; malheureusement, comme ils sont à égalité de nombre et que rien n'annonce qu'un orateur véhément, qu'un homme d'état résolu sortira de la foule pour prendre la direction du mouvement, il est à craindre qu'on se contente de faux-fuyants, de compromis et de transactions, ce qui sera toujours, surtout dans la crise sociale qui nous entraîne, la pire des politiques et la moins durable des solutions.

Dans tous les cas, et quelle que puisse être l'orientation des lois nouvelles, l'Administration de l'Enregistrement est appelée à remplir dans la future réorganisation un rôle prépondérant, ou à disparaître.

Nous voudrions que tous les agents de l'Enregistrement, sans distinction d'âge ni de grade, pussent échapper pour un instant à l'atmosphère de lassitude, d'effacement, d'étouffement où l'on prétend qu'ils végètent, et se rendissent compte, avec nous, de la situation qu'ils occupent, des services qu'ils rendent, de la haute mission qui peut leur être confiée. La modestie est un mérite pour les individus ; elle prend un nom moins flatteur quand c'est un personnel tout entier qui se dérobe par timidité ou se laisse évincer par indifférence. Les agents de l'Enregistrement détiennent toutes les ressources dont le gouvernement va demander le concours actif ; le savent-ils suffisamment ? Et, s'ils le savent, sont-ils résolus à maintenir leurs droits, décidés à marcher vers le progrès ? Ils se plaignent, avec raison, de l'infériorité croissante de leur condition morale et matérielle vis-à-vis des autres services publics ; s'ils se dévouent une fois de plus pour le bien de l'Etat, la considération et le bien-être leur seront-ils donnés par surcroît ?

*
* *

Nous avons démontré, dans de précédentes études, quelle fut, au sortir de la crise révolutionnaire, l'économie des lois de l'an VII et comment le rôle primitif de l'Enregistrement, alourdi malheureusement dès le début par les exigences financières, était de recueillir des informations économiques et de dresser le bilan des ressources publiques (1). Nous avons démontré la facilité avec laquelle ses travaux, sa hiérarchie pouvaient en faire le plus exact des instruments de recherche et de contrôle (2).

(1) *Annales*, 1897, page 529. *(L'esprit primitif des lois de l'an VII en matière d'informations économiques.)*

(2) *Annales*, 1896, 113, 339, 438, 529. *(L'Enregistrement et la statistique)* ; 1897, 3, 276, 357, 493, etc. *(L'école de statistique.)*

Après cela, l'aptitude du service à s'approprier les idées de progrès, à s'accommoder de tous les changements, à utiliser ses rouages en les perfectionnant, s'accusait avec évidence pour peu qu'on étudiât notre histoire administrative. C'est par la compréhension de notre force que se révèlera la conception de l'avenir qui nous attend, pour peu que l'esprit de corps se réveille et que le souci du devoir nous conduise.

Dans l'état actuel de la société contemporaine, toute réorganisation radicale ou partielle de la législation fiscale doit avoir pour base la révision des lois foncières. La discussion sur le tarif successoral qui traîne au Sénat depuis tant de mois, a prouvé que les multiples questions de l'héritage se heurtent à tous les infinis détails de la publicité hypothécaire; l'étude du droit de propriété et du crédit qu'il promet retient depuis huit ans la Commission du cadastre, en raison des points de contact inattendus qui surgissent dès qu'on creuse ce terrain mouvant où les déceptions attendent quiconque s'y aventure à la légère (1).

L'Enregistrement possède la clé de tous ces problèmes. Affecte-t-il de ne s'en point douter, ou véritablement l'aurait-il oublié? C'est la conviction du besoin qu'on a de nous que nous voulons faire passer dans l'esprit de nos camarades.

***

Le poids de l'impôt écrase la vieille Europe et particulièrement la France, dont la dette publique est la plus lourde de toutes celles des deux Mondes. La crise agraire (2), conséquence directe de cette situation, se résoudra à bref délai si l'on ne veut glisser dans les périls de la faillite universelle. L'équilibre ne pouvant se rétablir, — abstraction faite des possibilités d'économie, — que par une meilleure et plus proportionnelle répartition des taxes fiscales, c'est l'Administration de l'Enregistrement qui deviendra forcément le régulateur de la réforme *par la préparation et l'application des nouveautés* auxquelles la routine devra se résigner.

Seule l'Administration de l'Enregistrement est en mesure, du jour au lendemain, de rendre à la propriété territoriale de tels services que nul ne discuterait l'impôt qu'elle en pourra tirer à titre de compensation (3). Elle possède en germe les Livres fonciers (4) qu'on représente à tort comme un contredit du Code civil, dont il sont, au contraire, issus virtuellement (5);

(1) *La dette agraire et l'héritage foncier. (Annales,* 1894, pages 49, 149, 312 et 327.)

(2) *Le mouvement agraire en Europe. (Annales),* août 1893, page 317).

(3) *La révision des lois de l'an VII et les véritables principes du droit d'enregistrement. (Annales,* avril 1893, page 137.)

(4) *Le cadastre et l'Enregistrement. (Annales,* janvier 1892, pages 1 à 10.)

(5) *Les livres fonciers d'après le code civil. (Annales,* 1er novembre 1897, page 481.)

elle peut, en modifiant l'assiette et la perception du droit de mutation, substituer le plus équitable des abonnements à la plus arbitraire des contributions (1) ; et cela, sans troubler les habitudes acquises, par de simples changements dans ses règlements intérieurs (2) et le retour législatif aux principes égalitaires de 1790.

Telles sont les considérations que nous soumettons à la bienveillante attention de nos défenseurs naturels, M. le Directeur général, Fernand Faure, et Messieurs les directeurs chefs de service dans les départements.

II. — LE CHAOS CADASTRAL

Ce préliminaire établi, il est urgent d'examiner la situation nouvelle, essentiellement favorable d'ailleurs, créée à l'Administration de l'Enregistrement par les travaux de la commission extra-parlementaire du Cadastre.

Malgré l'état *chaotique* des délibérations, pour employer le mot spirituel de l'un des commissaires, on y paraît d'accord pour reviser le cadastre et surtout pour le maintenir au courant si on parvient à le refondre ; mais on cesse de l'être dès qu'on aborde les procédés d'exécution et l'emploi raisonné du futur cadastre.

Le Comité de rédaction a proposé plusieurs textes successifs dont la comparaison est piquante car elle montre combien on se crée d'embarras en marchant sans vues d'ensemble et en négligeant un outillage administratif que cent ans d'exercice ont pu détraquer sans l'user. Les dernières formules dérivent toutes de ce principe générateur que, faisant table rase de ce qui existe, on établira, par commune, une série de plans et de registres cadastraux refaits à neuf.

I. — La série des plans comprendra :

Un plan de détails dressé à une échelle décimale en rapport avec le morcellement et la valeur du sol (3).

Chaque *ilôt de propriété* y sera subdivisé en parcelles cadastrales (4). (Séance du 29 décembre 1897, XXIII.)

II. — Un plan de détail dressé à une échelle décimale en rapport avec le morcellement du sol et présentant *les limites de tous les ilôts* de propriété publics et privés ainsi que tous les points de repère.

(1) *Transformation du droit de mutation et de l'impôt foncier en une taxe unique d'abonnement*. (*Annales*, 1er octobre 1897, page 437.)

(2) *Le service central de l'Enregistrement* (*Annales*, 1895, pages 289 à 481) ; *Les commis de bureau ; extension du cadre auxiliaire*. (*Annales*, 1898, page 121.)

(3) Voici déjà une atteinte à l'unité du travail ; autant d'échelles que de communes et même que de sections dans chaque commune. Voir le *Journal des Géomètres-Experts*.

(4) Pour rendre cette formule intelligible aux intéressés, c'est-à-dire aux propriétaires ruraux, il faudrait un dictionnaire spécial des définitions ; il serait facile de constater par les procès-verbaux des séances que la plupart des commissaires ne sont d'accord ni sur le sens exact du mot *ilôt*, ni sur celui de l'expression *parcelle cadastrale*.

Un double de ce plan de détails, sur lequel chaque ilôt de propriété sera subdivisé, s'il y a lieu, en parcelles de culture. (Fascicule sténographié V, page 206.)

III. — Les plans comprendront :

a) Un plan foncier, dressé à l'échelle 1/1000 ou à toute autre échelle décimale en rapport avec le morcellement et la valeur du sol, représentant *les limites* de tous les ilôts de propriété, ainsi que tous les points de repère ;

b) Un plan parcellaire, identique au plan foncier, sur lequel chaque ilôt sera subdivisé, s'il y a lieu, en ses parcelles cadastrales ;

c) Un tableau d'assemblage, etc. (Proposition de M. Durand-Claye.)

IV. — Il y aura deux plans distincts : un plan annexé au Livre foncier qui ne renfermera que *les limites* des ilôts, et un autre plan identique au premier mais qui présentera en plus les parcelles entre lesquelles se subdivise chaque ilôt.

La désignation cadastrale de l'ilôt exprimera, en chiffres ou en toutes lettres, les coordonnées *des bornes* ou des objets en tenant lieu, rapportées aux mêmes axes que les bornes-repères. (Séance du 29 décembre 1897.)

V. — La série des registres comprendra :

a) Des *Etats de sections établis par ilôts de propriété*, dans l'ordre croissant des numéros du plan et contenant, pour chaque ilôt, sa désignation cadastrale, celle de chacune des parcelles cadastrales qu'il renferme, et l'indication du propriétaire (1).

b) Des *matrices cadastrales établies par propriétaire*, dans l'ordre alphabétique, et présentant, pour chaque propriétaire, la désignation cadastrale de tous les ilôts de propriété lui appartenant. (Art. 26 du projet de la Commission.)

Il est évident qu'on voudrait utiliser l'opération cadastrale, à tant d'objets différents que les points de vue restent divergents malgré des points de contact inévitables. Les procès-verbaux sont assez explicites pour qu'il suffise d'en signaler la tendance.

Nos plans cadastraux doivent avoir des applications extrêmement nombreuses : d'abord les livres fonciers et l'assiette de l'impôt (2), ensuite leur emploi pour les cartes à grande échelle, des cartes géologiques, agronomiques, les cotes de niveau, l'étude des voies de communication, des irrigations, etc. (3). Il y aura d'autres applications qui surgiront, ainsi la confection de cartes cyclistes (séance du 29 décembre 1897.)

Ces intentions sont excellentes, mais le vieux proverbe agricole assure qu'il est malaisé de tirer plusieurs moutures d'un même sac sans altérer la farine. Dans l'espèce, au lieu de poursuivre

(1) Ce texte est la reproduction, plus sommaire et moins précise, de l'article 43 de la loi du 3 frimaire an VII définissant l'Etat de section. En 1798, ce qu'on appelle aujourd'hui *ilôt* de propriété, s'intitulait *article* de propriété.

(2) Ce sont là deux objectifs tout à fait différents et il ne semble guère possible de ne point sacrifier le cadastre foncier au cadastre fiscal ou réciproquement. L'un établit la photographie du sol, ses dimensions et ses limites en vue de constater le droit de propriété d'un individu sur telles ou telles parcelles ; l'autre essaie d'évaluer la valeur locative ou la valeur vénale d'une propriété dans l'intention d'une répartition proportionnelle de l'impôt entre des terres dont le produit est essentiellement variable.

(3) Le cadastre peut, en effet, être la base d'opérations, de travaux et de recherches de divers genres, le canevas primitif dont les tableaux d'assemblage guideront les ingénieurs, les agronomes, les cartographes qui se spécialiseront dans tels ou tels détails particuliers, mais c'est chimère que d'avoir la pensée de tout accumuler sur un plan cadastral et de le rendre illisible par la multiplicité des surcharges et des accessoires.

tant de solutions différentes, en s'éloignant du point de départ et de l'objectif primitif, ne serait-il pas plus prudent de se renfermer dans les limites étroites et par conséquent plus abordables du problème.

Un des membres les plus autorisés de la Commission, mort récemment, et dont on regrettera souvent le conseil avisé, disait ceci : de 1891 à 1894, la Commission juridique a fait œuvre méthodique et concluante ; de 1893 à 1897, la Commission technique s'est fatiguée en efforts stériles ; c'est trotter sous soi que de disserter sur d'infiniment petits problèmes de pur métier qu'il faut laisser aux professionnels le soin de résoudre comme ils l'entendent : *Ne sutor ultrà crepidam.*

La Commission ne paraît pas davantage se rendre un compte exact de la façon pratique dont on pourrait maintenir à jour le cadastre s'il était refait. Elle se demandait encore, le 29 décembre 1897, à qui l'on confierait *la conservation du nouveau cadastre.* Des notions confuses se dégagent, mais rien de précis n'apporte une clarté, une certitude. La Commission hypnotisée par l'existence parallèle de deux services publics dont l'origine et la mission sont identiques, *saisir et constater la matière imposable dans toutes ses manifestations, afin d'établir l'assiette de l'impôt,* ne s'est pas reportée à l'esprit des lois de 1790, interprétées par celles de l'an VII, et, trop préoccupée de la possession d'état, n'a pas voulu voir que l'on ne pouvait simplifier et décentraliser qu'en coupant dans le vif.

L'article 28 du titre IV du projet dispose qu'au fur et à mesure de la réfection ou de la révision du cadastre, partielle ou totale, il sera organisé un service de conservation chargé de le tenir constamment à jour. Il résulte des explications échangées entre MM. Neymarck, Cheysson, Degouy et Sanguet, que la conservation ne visera pas le cadastre actuel ; qu'elle s'appliquera au nouveau cadastre, au fur et à mesure de son achèvement dans chaque commune (1) ; que le groupe ambulant des géomètres se déplacera sitôt qu'une commune sera cadastrée ; que le conservateur des hypothèques sera chargé de la tenue des livres fonciers ; qu'il est inutile de créer des géomètres officiels alors qu'on peut disposer de milliers de géomètres assermentés opérant à titre privé (2) ; que les contrôleurs des contributions directes continueront à être investis du soin de faire les mutations.

(1) Se figure-t-on la confusion qui naîtra de ce mélange ; chaque canton pouvant posséder une ou deux communes à cadastre neuf contre sept ou huit à cadastre ancien. Les effets techniques et juridiques variant avec le caractère du cadastre, comment se dirigeront les agents dans ce dédale ? Et l'ancien cadastre n'étant pas tenu à jour, que deviendra le régime de la propriété dans les régions ainsi délaissées ?

(2) MM. Degouy et Sanguet, hommes pratiques, ont combattu le projet de création d'un service nouveau ; les théoriciens et les bureaucrates, par contre, ont préconisé au lieu de l'utilisation des rouages actuels, qui fonctionnent mal, il est vrai, la juxtaposition d'une administration nouvelle qui apporterait un nouvel élément de trouble, de lenteur et de dépense.

Remarquons ici que la dualité des responsabilités est une invention malheureuse. Pourquoi ce goût immodéré de la symétrie ? Est-il nécessaire de créer une conservation cadastrale parce qu'on est obligé de maintenir une conservation de la propriété foncière qu'on substituera au bureau des hypothèques ?

III. — RÉORGANISATION DU SERVICE DES MUTATIONS

Le service des mutations reste par la force des choses la pierre angulaire de la conservation cadastrale ; il est à l'opération graphique de l'arpenteur comme 94 est à 6. En tant que commencement de preuve pour la sécurité du titre foncier, sa valeur est incontestée, puisque l'article 12 de la loi du 22 frimaire an VII fait de l'inscription au rôle le motif qui permet de considérer une mutation comme établie et d'en réclamer les droits. Or, le rôle n'étant que l'extrait de l'état matriciel, il est essentiel pour les propriétaires que cet état ne soit modifié par l'addition, le retranchement ou la substitution d'un nom qu'avec une attention scrupuleuse, et il serait à désirer que la légalité des mutations foncières verbales fût abolie (1).

Mais, pour que le service des mutations s'effectue avec la rapidité, la régularité et la correction nécessaires, il faut l'enlever aux contrôleurs qui ne peuvent le faire que de seconde ou de troisième main, une fois l'an, et le transporter aux receveurs de l'Enregistrement avec les émoluments qu'il comporte (2). A l'appui de notre propositron, voici un argument approprié, l'extrait textuel de la séance de la commission technique du 29 décembre 1897 :

M. Sanguet. — Il est inutile de créer une armée de fonctionnaires pour mettre à jour les plans du cadastre. La statistique prouve que les changements de limites n'entrent que pour une proportion infime à côté des mutations de propriété. On n'a pas besoin d'un géomètre pour constater un changement de propriétaire ; les contrôleurs sont là, dans chaque canton, pour faire cette besogne.

M. Boudenoot, président. — Il la font bien mal, entre parenthèses. Il y a dix ans que je suis propriétaire d'un immeuble à Roubaix, et il est encore coté au nom de l'ancien propriétaire (1).

M. Boutin, directeur-général des contributions directes. — D'après la loi du 3 frimaire an VII, article 36, les mutations sont faites à la diligence des parties intéressées.

(1) La mise en possession de fait n'est même pas nécessaire pour corroborer la preuve tirée d'nne inscription au rôle qui peut être inexacte, en vertu de l'art. 1583 du Code civil.

(2) L'auteur de cet article est lui-même dans le même cas pour une parcelle de pré située dans la commune de Courcelles (Côte-d'Or) et dont il demande chaque année, sans succès, depuis 1878, la mutation, prenant la peine de rédiger les feuilles. Quand il signala le fait à l'une des séances de la section juridique de la Commission du cadastre, on lui répondit : *ces cas se comptent par milliers.* A vrai dire, le service des mutations n'existe pas.

M. Boudenoot. — Je l'ai demandée plusieurs fois, cette mutation.

M. Boutin. — Il faut vous présenter à l'heure, Monsieur le Président ; la loi est une pour tout le monde. *(Rires.)*

La loi est donc mal faite. Une formalité de cette importance, qui touche à tant d'intérêts, ne peut être abandonnée à l'ignorance des propriétaires ou à la négligence des agents ; indépendante du caprice des individus, elle devrait se réaliser en quelque sorte automatiquement.

Nous en avons indiqué le moyen, dont l'extrême simplicité désoriente les faiseurs de complications. Au lieu d'obliger les contrôleurs à faire extraire des registres de l'Enregistrement par des commis à peine lettrés des copies incomplètes ou inexactes, que les percepteurs sont ensuite chargés d'appliquer aux matrices des rôles, soin qu'ils s'empressent de déléguer aux secrétaires de mairie qui, à leur tour, ne s'en occupent que peu ou prou et seulement quand ils en sont requis par l'initiative des propriétaires, ne serait-il pas d'une logique élémentaire de confier ce travail de minutie intelligente aux receveurs de l'Enregistrement eux-mêmes ?

Tous les actes de mutation, entre-vifs ou par décès, passent par leurs mains et sont analysés et étudiés par eux au double point de vue de la perception des droits et du contrôle des prix et revenus. Quoi de plus aisé que de mentionner directement la mutation sur les matrices des rôles et les états de section créés par l'article 39 de la loi du 3 frimaire an VII, au moment même où le receveur insère sur ses registres l'acte ou la déclaration de transfert et où il retient dans ses mains les pièces originales qui permettent d'en noter l'objet avec autant de sûreté que de précision ?

Il suffirait qu'un double des états de section fût déposé dans le bureau de chaque canton et annoté jour par jour des mutations par le receveur. Les articles 31 et 36 de la loi du 3 frimaire seraient modifiés de façon à substituer aux changements annuels subordonnés à la négligence des intéressés et à la paresse des agents locaux des revisions mensuelles effectuées par les secrétaires de mairie rapprochant les états de sections de chaque commune de ceux tenus à jour dans les bureaux d'Enregistrement et dont ils utiliseraient les mentions sans les déplacer, sous le contrôle et la responsabilité des receveurs.

Quant à la partie graphique et à l'entretien des plans, ce serait un service technique rattaché à la conservation des Livres fonciers et centralisé au bureau des hypothèques. Les agents de l'Enregistrement sont aussi aptes que les contrôleurs ou que des apprentis arpenteurs à lire les cotes et à contrôler des points de repère, ce qui n'exige pas une spécialité tout à fait particulière, brevetée ou diplômée.

En matière de mutations foncières, c'est le dossier juridique, l'origine de propriété, les conventions privées qui constatent et justifient le transfert légal du droit de propriété ; la constitution et la consolidation du titre foncier deviendraient arbitraires et impraticables si l'on faisait dépendre le transfert d'opérations plus ou moins exactes sur des plans graphiques s'altérant chaque jour davantage et où la précision mathématique n'est que fictive (1).

Quel que soit le désir de la Commission d'instituer un cadastre d'Etat, un cadastre impersonnel, existant en dehors de l'initiative et de la volonté des parties intéressées, tout la ramène à une intelligence plus libérale des réalités, tout la contraint à tenir compte des conventions privées et, malgré la nuance voulue des expressions, à faire, avec nous, du bornage, le point de départ et le point d'arrivée de tout cadastre. Le texte de l'article 30 du projet est concluant dans ce sens.

Le Conservateur du cadastre (emploi créé) sera chargé de tenir les plans et les registres cadastraux au courant des mutations qui surviendront *dans la propriété* (2) et des changements de limites des ilôts.

Tout changement de limite d'ilôt sera constaté par un procès-verbal de délimitation.

Les nouvelles limites seront rattachées aux bornes-repères et tracées sur un plan coté. Ce plan et le procès-verbal seront dressés par les parties, au besoin avec l'assistance d'un géomètre de leur choix, et certifié par elles (3).

Le Conservateur reportera sur le plan cadastral toute limite modifiée, après s'être assuré de sa concordance.

IV. — LA STATISTIQUE DES MUTATIONS ET LE ROLE DES RECEVEURS DE L'ENREGISTREMENT

La séance du 12 janvier 1898, grâce au sens pratique de M. Degouy et aux larges vues de MM. Boutin et Challamel, fit faire un grand pas à la discussion en déblayant le terrain des symétries administratives et des utopies dogmatiques pour rester dans la réalité des intérêts du propriétaire foncier et du prêteur hypothécaire. Pour raccourcir cet exposé je résume les conclusions obtenues.

Le 1er juin 1893, la Commission juridique avait adopté le texte suivant :

Il y aura une conservation de Livres fonciers par arrondissement ; elle sera placée dans la commune où siège le tribunal civil. Toutefois, chaque conser-

(1) Voir la discussion sur ce point à la séance de la sous-commission technique du 29 décembre 1897, page 15.

(2) C'est ici l'erreur obstinée de la Commission qui persiste à confondre deux choses absolument distinctes : le transfert du droit de propriété, la dislocation d'une propriété, c'est-à-dire le changement de ses limites par groupement ou démembrement. De cette confusion découlent de perpétuelles équivoques.

(3) Ce texte permet aux parties d'établir le plan de bornage elles-mêmes ou par l'intermédiaire d'un géomètre-expert, et supprime l'obligation de recourir à des géomètres officiels.

vation pourra être divisée en deux ou plusieurs bureaux (1). La tenue des Livres fonciers est confiée au service de l'Enregistrement.

Il s'agissait, en 1898, pour la commission technique, d'assurer la conservation du cadastre, de séparer ou de fusionner les deux conservations, celle des Livres fonciers, celle du Cadastre, et de préciser avec leurs points inévitables de contact la subordination possible de l'une à l'autre ou, ce qui paraissait dangereux, leur indépendance réciproque. Le double service exige, dans son parallélisme, le concours de deux compétences essentiellement différentes : un juriste pour les hypothèques, un technicien pour le cadastre. Le plan doit être à côté du dossier ; de là à placer un géomètre à côté du conservateur des Livres fonciers et sous ses ordres la pente est logique ; mais nous nous heurtons à la répugnance de l'Administration des contributions directes à abdiquer au profit de l'Enregistrement, et l'examen des statistiques nous permet d'esquiver le conflit par la tangente.

En effet, dans une période de vingt années, on trouve pour l'ensemble des propriété foncières rurales :

Propriétés n'ayant pas changé de mains	34 o/o
Propriétés ayant été l'objet d'une seule mutation	48 o/o
Propriétés ayant été l'objet de 2 mutations	12 o/o
Propriétés ayant été divisées à la suite de partages ou fractionnées par lotissement (2)	6 o/o

L'intervention d'un homme de l'art n'est donc utile en moyenne que 6 fois lorsque, dans 94 cas, le conservateur foncier peut agir seul dans la plénitude de sa compétence et de ses fonctions juridiques. Si donc, par la nature même des choses, il est interdit de séparer la conservation des Livres fonciers de la conservation des documents cadastraux, si, pour l'efficacité des rapprochements et des mutations, il est nécessaire de les réunir dans des bureaux contigus, il ne paraît pas indispensable de les confier à un agent unique (3) ; d'un autre côté, il ne faut point tout sacrifier à un vain désir de symétrie entre le Livre foncier et le Cadastre ; les besoins sont différents et les formalités au bureau des hypothèques seront toujours infiniment plus variées et plus multipliées qu'au bureau du cadastre. Là où le service de la propriété et du contrôle

(1) Ce vote fut la consécration du principe de la *division territoriale des gros bureaux d'hypothèques*, acte d'équité et de bonne administration, que tous les esprits sensés réclament, dont nous provoquons la réalisation depuis 1889, et qui ne trouve d'adversaires que dans le petit groupe des favoris assez puissants jusqu'ici pour monopoliser ces sinécures à leur profit exclusif.

(2) D'après un relevé officiel fourni le 18 février 1895 à la Commission, on n'aurait guère, dans la plupart des communes rurales, que 5 à 6 fractionnements d'ilôts chaque année.

(3) A Vienne (Autriche) le travail est divisé, mais les deux services sont installés côte à côte, dans le même local ; il en est ainsi dans tous les pays où fonctionne un service de Livres fonciers basés sur le Cadastre.

des titres exige un travail assidu et quotidien, celui de l'application des plans de division, au contraire, ne demande que des opérations intermittentes, et il n'est pas imposssible d'imaginer un agent technique visitant successivement dans des tournées périodiques et fréquentes les conservations foncières d'un département pour y mettre au courant les plans cadastraux, sauf ensuite à contrôler dans les communes le report de ces changements sur les plans municipaux par l'office des géomètres locaux, assermentés et rémunérés à cet effet.

La question sera résolue par la Commission plénière du cadastre, si on se décide à la réunir quelque jour. Pour élever le conflit (expression de M. Challamel) et répliquer à la résolution de la commission juridique confiant, en 1893, la tenue des Livres fonciers *à l'Administration de l'Enregistrement*, la commission technique, dans sa dernière séance (26 janvier 1898) a voté, sur la proposition de M. Durand-Claye, appuyée par M. Cheysson, le vœu suivant :

Au cas où la Commission plénière croirait devoir s'occuper de la question d'organisation de l'Administration du cadastre, la sous-commission technique émet le vœu que la réfection ou la revision du cadastre et l'établissement des livres fonciers, ainsi que la conservation des Livres fonciers et du cadastre, soient confiés à une seule et même direction générale, sous l'autorité du ministre des finances.

Tout en appréciant d'une façon assez désobligeante pour l'Enregistrement ce qui se passa en l'an VII et en 1893, M. Durand-Claye explique son intervention *in extremis* par la crainte que la dualité de travaux ayant le même but mais dirigés parallèlement par des services n'ayant ni les mêmes vues ni les mêmes procédés, ne conduise au chaos. Il ajoute : Dans mon idée, ce serait le conservateur des Livres fonciers, *par exemple un ancien conservateur des hypothèques*, qui aurait sous ses ordres le conservateur technique, celui-ci avec la responsabilité spéciale de ses fautes, comme le premier l'a déjà pour les siennes propres. C'est exactement la seule solution qui nous paraisse répondre aux intérêts du public, qui passent avant tout, et, accessoirement, à la dignité professionnelle de l'Administration de l'Enregistrement.

V. — LE CADASTRE PAR LE BORNAGE

Les Bureaux ont sur les Ministres un avantage que rien ne balance, ils demeurent tandis que les autres passent. Aussi est-on étonné, parfois, que les idées les meilleures avortent, que les éclairs du génie s'évanouissent, que les théories réformistes des Léon Say, des Poincaré, des Jules Roche, ne puissent aboutir, tandis que les systèmes médiocres, agencés avec des pièces empruntées de ci de là, et qui se contentent d'ajouter un rouage de plus au château branlant des routines administratives, finissent par s'imposer à force d'avoir vieilli.

En 1891, lorsque M. Rouvier, sous l'inspiration de M. Boutin, institua la Commission du cadastre, on eut la perception confuse de quelque addition prochaine au service central du ministère. En effet, sous la promesse séduisante d'une revision juridique et fiscale de nos lois foncières, couvait le désir ardent d'une réforme cadastrale énorme, aussi coûteuse que le Panama, insinuait un député malin, et aussi inutile. Cette appréhension était-elle justifiée ? En fait, la Sous-Commission technique a accaparé la pratique, le travail et l'argent ; elle a fait des expériences, accumulé les rapports, remué l'opinion et la presse, tandis que la Sous-Commission juridique, ajournée *sine die* depuis les premiers mois de 1894, sommeille, dépourvue du nerf de la guerre, et n'ayant même pas obtenu l'impression des rapports généraux qui résumaient ses travaux, d'un ordre supérieur, il faut le dire, à ceux accessoires et dépendants que limitait la technicité cadastrale.

Le 15 janvier 1898 (*Annales*, page 17), informé des projets bien arrêtés des Bureaux, nous annoncions la création prochaine d'une nouvelle administration au Ministère des finances. Aujourd'hui, malgré la retraite de M. Boutin, dont nous avons toujours admiré l'entraînante ardeur, c'est un fait accompli, et ceux qui jugeaient notre information aventurée peuvent prévoir les conséquences d'une mesure qui, très adroitement motivée sur la nécessité de pourvoir à l'exécution de la loi Boudenoot du 17 mars 1898, s'arrête aux résolutions de la Commission technique, se dérobe à la consultation de la Commission juridique, et rend désormais problématique la convocation des délégués en séance plénière. Les gens bien informés assurent que, virtuellement, la Commission extra-parlementaire du cadastre a vécu, puisque l'objet qu'on se proposait est atteint, en dehors d'elle, et que, si on la réunit, ce ne sera qu'une séance d'enregistrement, comme jadis au Parlement (1).

M. Cochery vient, en effet, de créer par décret, au ministère des finances, pour l'exécution de la loi du 17 mars 1898, un service spécial, dit *service du renouvellement ou de la revision et de la conservation du cadastre*. Voici les principales dispositions de ce décret :

Le directeur général des contributions directes est chargé, sous l'autorité du ministre des finances, de l'organisation et de la direction de ce service.

Un comité consultatif dit « comité du cadastre » est institué auprès du ministre : il comprend des membres du Parlement, des représentants des services publics intéressés et autres personnes compétentes, désignés par le ministre des finances.

(1) Voir dans la *Nouvelle Revue* du 1er novembre 1891, l'article de notre ami et collaborateur Georges Stell, intitulé : *La Commission du cadastre et les Livres fonciers*.

Les levers cadastraux sont appuyés sur une triangulation spéciale dérivant de la grande triangulation, dite de l'état-major, préalablement revisée à cet effet.

La marche des opérations cadastrales suit celle du travail de revision de la grande triangulation.

La direction, la surveillance et la vérification des travaux d'art du nouveau cadastre sont concentrées entre les mains d'un chef des travaux techniques placé sous les ordres du directeur général des contributions directes et nommé par le ministre des finances.

Le personnel technique du service du renouvellement ou de la revision et de la conservation du cadastre comprend des agents commissionnés à titre définitif ou temporaire et des agents stagiaires.

Il est recruté, au fur et à mesure des besoins, soit parmi les agents du service actuel du cadastre et d'autres services publics, soit par voie de concours dont les conditions sont fixées par un arrêté du ministre des finances.

L'expertise cadastrale et tous les travaux qui s'y rattachent sont exécutés par les agents du service des contributions directes dans les conditions prévues par les lois et règlements en vigueur.

M. Lallemand, ingénieur en chef des mines, directeur du service du nivellement général de la France, est nommé chef des travaux techniques du nouveau service.

La création d'un nouveau rouage officiel, si modeste et subordonné qu'il paraisse au début, mérite toujours la plus grande attention. Non seulement son action s'étendra dans le milieu spécial qu'il intéresse, et dans l'espèce il interviendra *dans toutes les communes de France*, mais il en produira aussi sur les autres pièces du mécanisme où il a été introduit ; il en modifiera plus ou moins l'action concordante ou relative, la vitesse et l'allure. C'est une molécule de plus dans l'organisme administratif, qui se peut créer facilement mais qu'on ne pourra plus détruire et dont l'essence sera de devenir absorbante et impérieuse (1). Le plus humble organe, dès qu'on lui donne la vie, se cramponne, grandit, s'enracine, se défend, envahit, proteste et crie si on veut le briser. On assistera à toute une série de changements, dont nous constatons le point de départ et dont nul ne peut fixer le terme.

En ce qui touche les intérêts de l'Administration de l'Enregistrement, cette institution précipitée nous paraît fâcheuse, parce qu'elle engage l'avenir en dehors des vues d'ensemble dont le Gouvernement avait pris l'engagement moral (2). Le manque de cohésion que nous avons signalé entre les projets de lois organiques visant les sources de la fortune nationale, *l'héritage*, les droits de mutation, l'impôt foncier, la publicité hypothécaire, *l'exactitude des contrats*, nous fait craindre que les réformes inté-

(1) En 1891, M. Hector Depasse faisait des réflexions semblables à propos du *Conseil supérieur du travail*, qui a engendré peu après l'*Office du travail*, lequel à peine adulte a engendré à son tour l'*Office du commerce*, en attendant que ce nouveau-né engendre un *Office de l'agriculture* ou tout autre organisme parasitaire du genre.

(2) Ces tendances à créer de toutes pièces un nouveau service public, alors que les éléments en existent et qu'il suffirait d'utiliser les rouages actuels, mal réglés et mal coordonnés, sont un signe des temps. Mais elles nous touchent et nous menacent, et l'heure de la défense suprême est venue. (*Annales*, 1898, 21.)

grales, devenues si nécessaires en face de la crise sociale et des évolutions en marche, ne s'évanouissent en fumée, laissant le champ libre aux thèses radicales et aux expériences socialistes.

Ce n'est pas un progrès que de compliquer l'outillage. L'opinion publique s'était prononcée contre la refonte cadastrale absolue; on la reprend en sous-œuvre, on la saisit par ses petits côtés particularistes, avec des intentions excellentes, soit ! mais qui dévieront fatalement sous la poussée du service nouveau qui voudra s'accroître pour montrer qu'il est utile. Je crains fort que la révision cadastrale ne devienne pour les 30,000 communes rurales de France une nouvelle cause d'emprunts et la source de centimes additionnels qui, se faisant modestes et insinuants, absorberont petit à petit, par prélèvements minuscules et peu apparents, ce milliard cadastral qu'on avait eu le bon esprit de refuser en bloc et qu'on ne saura peut-être pas défendre en détail. On n'a point oublié les conséquences financières désastreuses de la loi du 1er juin 1878 poussant à la reconstruction des maisons d'école; il en sera de même pour le cadastre, avec une provocation d'autant plus ardente à la dépense que le service nouveau, par son influence, ses ramifications administratives, la propagande incessante des agents intéressés à multiplier des expertises lucratives en dehors de leurs fonctions normales, exercera sur les municipalités une pression irrésistible.

*
* *

Tenant compte, comme il convient, de l'élément inattendu qui vient interrompre la discussion en en préjugeant les conclusions régulières, continuons à examiner comment, sans avoir recours à un nouvel organe officiel, *l'intérêt des propriétaires fonciers* peut être satisfait, au point de vue supérieur de la consolidation du droit de propriété, par l'utilisation coordonnée des lois existantes.

Des différentes parties qui constituent l'œuvre cadastrale, *la délimitation des propriétés privées* est assurément la plus délicate, la plus laborieuse, la plus longue et la plus coûteuse (1). La délimitation met surtout en jeu des hommes, qu'il faut accorder malgré leurs intérêts, leurs caractères et leurs passions; les levers géométriques n'ont affaire qu'aux choses, qui ne résistent pas, quand on sait son métier. Bref, la partie juridique du cadastre, c'est-à-dire le bornage, dépasse comme difficulté et comme importance la partie technique. La jurisprudence a une tendance marquée à vouloir qu'on établisse la concordance logique qui doit exister entre la désignation juridique d'un immeuble et sa consistance cadastrale. Un jugement du tribunal civil de Périgueux du 30 mai 1896, confirmé par un arrêt de la Cour de Bordeaux

(1) Voir *Annales* du 15 janvier 1897, page 30 (*Le cadastre par les bornages généraux*).

du 29 décembre 1897, déclare que c'est la *situation topographique* de l'immeuble et non sa nature variable au gré du propriétaire qui doit servir de guide au conservateur des hypothèques requis de délivrer un état sur transcription *(lequel état n'est autre chose que le futur feuillet foncier)*. On trouve pour celle-ci des méthodes expéditives et des solutions économiques. Mais l'effort et la préoccupation doivent principalement se porter sur le côté juridique qui touche aux fibres les plus profondes des populations rurales, à leur amour pour la terre et à la certitude de la possession (1).

Cette délimitation des propriétés privées, avoue M. Cheysson dans un rapport officiel (2), *est la préface indispensable du cadastre et entraverait l'œuvre, si elle ne s'effectuait pas en temps utile.*

Dans le cas où les propriétaires d'une commune ne voudraient pas y procéder spontanément, comment les y contraindre afin de permettre les opérations cadastrales ? Deux systèmes sont en présence : l'un préoccupé surtout des nécessités techniques n'hésite pas à recourir à la délimitation obligatoire en la confiant à une commission spéciale et en créant contre le propriétaire évincé une prescription à délai rapide ; l'autre repousse cette obligation légale et se contente de la contrainte syndicale vis-à-vis des dissidents, en étendant aux opérations de délimitation les syndicats libres et autorisés que prévoit la loi du 22 décembre 1888.

La Commission paraît avoir adopté un système mixte, très rapproché de celui dont son président, M. Boudenoot, avait pris l'initiative en 1894 et que vient de consacrer la loi du 17 mars 1898.

L'économie de cette loi est la suivante. Les communes qui voudront refaire leur cadastre, s'il a plus de trente ans, *et qui prendront l'engagement d'en assurer la conservation*, pourront n'être tenues que jusqu'à concurrence de 20 o/o de la dépense, l'Etat devant y contribuer pour 40 o/o et le département dans la même proportion ; la délimitation préalable au cadastre sera obligatoire, le bornage restera facultatif ; les opérations seront engagées par les soins d'un syndicat de propriétaires.

Malheureusement, on ne paraît pas s'entendre sur le sens précis des termes *délimitation, bornage, abornement* ; la preuve en est dans la discussion qui eut lieu à la Commission technique le 25 mai 1894 où l'on dut renoncer à formuler des définitions dé-

(1) Dans les abornements généraux des départements de l'Est, demeurés le modèle du genre, après certains remembrements de la fin du XVIIIe siècle dans l'ancienne France, les frais de confection du cadastre représentent à peine 33 o/o de la dépense totale. Sur des zones morcelées et en face de propriétaires divisés, la délimitation a coûté jusqu'à 25 et 30 francs l'hectare, c'est-à-dire cinq et six fois plus que le cadastre lui-même ; et cela s'explique sans peine parce que, dans ce genre d'opérations, les obstacles matériels ne sont rien à côté des difficultés de personnes.

(2) Séance du 24 novembre 1897. Rapport, § D. du chapitre B : La délimitation des propriétés privées.

finitives. Ce qui en ressort, c'est que la délimitation s'entend de la constatation des limites et des divisions apparentes, dans un but administratif ou fiscal, tandis que le bornage signifie la délimitation juridique et contradictoire du sol entre propriétaires contigus, le bornage seul peut donc servir de base à l'étendue du droit de propriété, conséquemment à l'établissement du Livre foncier qui doit signaler et garantir ce droit.

Tous les artifices de langage ne prévaudront pas contre cette nécessité ; dès qu'on se décidera à substituer le caractère foncier du cadastre à son caractère fiscal, vieilli et arbitraire, on sera conduit à rendre le bornage obligatoire. La délimitation parcellaire du cadastre actuel, sans cesse modifiée par la mobilité des cultures, n'est qu'un à-peu-près ; si, au contraire, on concède à la logique qu'il faut délimiter les unités foncières du futur système, les ilôts de propriété, les héritages, cette délimitation implique le caractère juridique, impose le débat contradictoire, c'est le bornage pur et simple.

L'un des plus ardents promoteurs de l'établissement d'un cadastre neuf, M. l'ingénieur Lallemand, l'a reconnu avec une sincérité qui est à retenir.

Le Comité d'expériences, dit-il, ne s'est pas occupé jusqu'ici de la délimitation des parcelles proprement dites. La seule chose intéressante pour le Livre foncier est la démarcation de la propriété de M. X. avec celles de ses voisins. Quant à la décomposition de la propriété de M. X. en vignes, en bois, terres et prés, répartition qui peut varier du jour au lendemain, au gré du propriétaire ou du fermier, elle ne présente qu'un intérêt fiscal. L'impôt foncier étant de 4 0/0 en moyenne du revenu net de la terre, soit de 1/25 de ce revenu, l'intérêt qui s'attache à la délimitation des parcelles serait, en gros, vingt cinq fois moindre que celui relatif à la délimitation des ilôts. (Sténographie de la séance du 25 mai 1894, fascicule V, page 59.)

Si donc le cadastre des parcelles rurales n'offre qu'un intérêt accessoire, il est permis d'ajouter que, au point de vue de la consolidation du titre de propriété aussi bien que dans la prévision de l'institution d'un Livre foncier, le cadastre de l'héritage, de l'ilôt de propriété (nouveau style), n'est pas davantage indispensable. Lorsque M. X. achète le domaine de M. Z. ou le pré de M. S., peu lui importe que l'ensemble de son acquisition soit plus ou moins mal figuré aux plans cadastraux, et même qu'il y ait ou non des bornes sur ses limites. Il sait ce qu'il achète et le dossier juridique que lui transmet le précédent propriétaire le met en mesure de réclamer, le cas échéant, ses limites et de se défendre contre les empiètements des voisins.

Les questions de bornage sont les accessoires du droit de propriété en conflit avec des prétentions de possession ou de jouissance et n'ont aucun rapport direct avec la mutation du droit de propriétaire, puisque le vendeur ne transmet à l'acquéreur que les droits, grevés ou non de charges ou de servitudes, qu'il avait lui-même sur l'immeuble vendu (Art. 2,182 du Code civil.)

Il est admis que les 2/3 des propriétés rurales sont bornées; on a même fourni officiellement le chiffre de 64 o/o, sur lequel on compte 31 o/o possédant des procès-verbaux réguliers de bornage et 33 o/o ayant des limites naturelles à peu près indiscutables (1).

Le nombre des procès en bornage, pour la période de 1886 à 1890, varie de cinq à six mille par an, devant les juges de paix, abstraction faite des litiges qui se dénouent à l'amiable par l'arbitrage des géomètres et qu'on évalue à 30,000 par année. A surface égale, dans chaque région, le nombre des procès augmente avec le degré de morcellement du sol, consécutif à sa richesse culturale, beaucoup plus qu'il ne procède des lacunes ou de l'irrégularité du bornage (2).

On s'explique dès lors que sur les 87 départements on en trouve 71 réclamant le bornage obligatoire (avec maintien des bornages antérieurs réguliers) et seulement 16 le repoussant (ce sont précisément les départements où les propriétés sont très morcelées et pourvues de limites fixes).

Par opposition, la terreur des dépenses et des inquisitions territoriales (expressions de plusieurs maires) que motiverait la réfection générale du cadastre est telle, en raison des habitudes acquises et de certains préjugés invétérés dans les campagnes, que les mesures tendant à un abornement administratif sont repoussées avec la même unanimité qui accueille l'idée du bornage privé obligatoire. Ainsi, sur 87 comités départementaux consultés, 78 repoussent les abornements généraux, 83 les remembrements des propriétés, 71 la création de chemins ruraux, 54 l'emploi des syndicats.

VI. — LES ÉLÉMENTS CONSTITUTIFS DU LIVRE FONCIER

Dans la conception du Livre foncier, telle qu'elle ressort des travaux de la Commission du Cadastre, de ses sous-commissions et de ses comités d'études et d'expériences, on crée d'étroites relations entre ce document et le cadastre.

Le Livre foncier détermine et retient la personnalité juridique de l'immeuble; le cadastre permet d'en constater l'identité sur le

(1) Procès-verbaux sténographiés, 1894, fascicule v, page 65. La statistique très curieuse de l'état du bornage en France, à la date de 1893, a été publiée au fascicule IV, pages 464 et suivantes.

(2) L'enquête officielle de 1893 affirme que, de l'avis unanime des juges de paix, les géomètres locaux, par leurs règlements, évitent les procès et rendent des services signalés à la propriété rurale, tandis que l'intervention des agents d'affaires, plus fréquente dans les environs des villes, a presque toujours pour résultat de compliquer les questions et de soulever difficultés sur difficultés.

terrain; ceci est l'accessoire de cela et, quelle que soit l'importance qu'on veuille attribuer aux désignations graphiques, le cadastre ne sera jamais plus, au regard du contrat d'acquisition de l'immeuble dont il figure le plan, que ce que peut être la photographie d'un individu au dossier de son état-civil. L'état-civil se modifie par les modalités légales du mariage, du divorce, du veuvage, de la mort, tandis que la physionomie varie avec l'âge, le costume, la pose, l'allure, comme le cadastre par la culture, la division, la construction et tous les caprices de la nature et de l'homme.

Pour un héritage, les deux déterminations, juridique et physique, se complètent l'une par l'autre, avec cette réserve que le cadastre est une simple annexe du titre de propriété et ne sert qu'à corroborer, par un élément de plus, le droit qu'atteste et que consacre le titre juridique. Il est donc désirable qu'il y ait concordance entre le contrat et le plan; mais, si cette concordance n'existe pas, soit par une erreur de désignation, soit par l'incorrection du plan, le droit de propriété n'en sera nullement atteint, le titre qui confère ce droit ne perdra rien de sa force, tout au plus pourra-t-on dire que le dossier est incomplet.

Si, au contraire, dans la législation qu'on nous prépare, on institue *la force probante* des Livres fonciers, c'est-à-dire non pas l'investiture du droit de propriété par l'Etat, — système antinational, antifrançais, — mais simplement *l'obligation de tenir pour exactes, au regard des tiers, les inscriptions au Livre foncier*, sauf la preuve contraire limitée à de rares éventualités, on croit indispensable d'établir une corrélation étroite entre les indications du titre de propriété et celles du plan cadastral. Ce n'est pas nécessaire; l'énonciation cadastrale ne suffira jamais à démontrer l'identité d'un immeuble, tandis que la série des actes de mutation l'affirme invinciblement. Conclure autrement serait nier l'évidence, et nul n'a la pensée de contester la valeur efficiente des contrats d'acquisition qui se sont accumulés en France depuis cent ans et qui firent changer de mains plusieurs fois toutes les parcelles de notre sol. Vouloir donner aux mutations foncières, dans l'avenir, une double garantie, est une pensée louable; mais il serait excessif de prétendre que cette coûteuse complication soit indispensable à la sécurité des transactions.

Un immeuble ne peut pas se truquer, se déguiser comme un individu; aussi même dans l'état actuel du cadastre, même avec la rédaction sommaire et insuffisante des actes des notaires et celle plus négligée encore des actes sous-seings privés, est-il fort rare qu'il s'élève des difficultés sur l'identité d'une propriété; tout au plus peut-il s'en produire à raison de la contenance, et le cas est prévu aux articles 1616 à 1620 du Code civil.

Toutefois, la publicité des mutations ayant pour but de garantir les droits des tiers tout en consolidant le droit de propriété dans les mains du nouvel acquéreur, il est rationnel d'exiger des rédacteurs de contrats, officiers ministériels ou particuliers, des désignations assez précises et assez complètes pour qu'il ne puisse désormais y avoir de doute ni sur l'identité des individus ni sur celle des immeubles et qu'on ne soit plus obligé, au cas d'équivoque, de la faire éclaircir en justice ou d'être responsable de l'erreur ou de la faute d'autrui (1).

Cette idée de la correction des contrats qui s'impose si naturellement à la pensée comme une nécessité d'ordre élémentaire a fini par pénétrer dans les esprits et on la retrouve aujourd'hui, avec plus ou moins de netteté, dans tous les projets de revision de nos lois foncières. Sous le double prétexte de décharger la terre des servitudes féodales et d'assurer la liberté des contrats, les hommes d'affaires, avocats, magistrats subalternes, procureurs, juristes, notaires, qui profitèrent des changements apportés dans l'état social de 1790 à 1798, en supprimant les vieilles ordonnances, en tolérant le décousu et l'à peu près des conventions, en négligeant avec intention les formes sacramentelles usitées, se rendirent indispensables et se ménagèrent, par les procès futurs, une source intarissable de profits.

On se décide à revenir aux anciennes pratiques, et ce sera la nouveauté la plus utile qui sortira du mouvement actuel d'opinion, la seule peut-être.

La Commission technique vient, en effet, de voter (séance du 19 janvier 1898) l'art. 31 de son projet rendant obligatoire, dans les contrats de mutation et dans les déclarations de succession, la mention des désignations cadastrales. La sanction de cette prescription est double ; elle se manifeste ; quant aux propriétaires, par le refus d'insertion au Livre foncier : quant aux rédacteurs des actes et aux déclarants, par une amende personnelle.

Malheureusement, avec une timidité regrettable, la Commission, au lieu de proposer la généralisation de cette mesure et son application immédiate à tous les cas, la limite aux mutations concernant des immeubles situés dans les communes où le régime de la conservation cadastrale aura été établi par l'Administration, et en fait dépendre l'exécution de la réfection préalable du cadastre.

(1) Nul n'ignore que les cas de responsabilité pécuniaire relevés contre les Conservateurs des hypothèques sous le régime incomplet du Code civil ont pour cause unique les erreurs commises dans la désignation des personnes ou l'identification des immeubles par les rédacteurs des actes. Un contrat d'obligation du 14 novembre 1889, rédigé par un notaire du Havre, n'indique pas la situation des immeubles donnés en garantie ; l'erreur de la grosse était reproduite dans les bordereaux.

C'est mettre la charrue devant les bœufs. Du moment, en effet, où l'on admet, au cas où le cadastre serait révisé, l'usage cumulatif des anciens plans (1), pourquoi créer des catégories de mutations en déclarant les unes régulières, les autres incorrectes ? Pourquoi ne pas uniformiser, dès à présent, une mesure universellement réclamée, qui serait d'ailleurs acquise après un délai d'examen plus ou moins long aux communes dont le cadastre serait maintenu ? Pourquoi ne pas préparer ainsi des matériaux utilisables dont le moindre avantage serait de relier le nouveau cadastre à l'ancien et de faciliter ainsi les opérations ?

La *réforme hypothécaire*, préalable forcé de tout essai de modification dans notre législation foncière, exige ces *preuves d'identité*, puisqu'elle se résume en fait, dans l'extension et l'absolu de la *publicité*, et elle les exige aussi bien pour les individus que pour les immeubles.

VII. — LES PREUVES D'IDENTITÉ

Au point de vue du Livre foncier, la *parcelle cadastrale* (2) n'existe pas ; il n'est attribué de feuillet particulier qu'à l'*îlot de propriété*, à cette unité qui dans le langage du Code civil s'appelle un *héritage*. Cette unité, c'est mon immeuble, ma propriété, mon domaine, comme il vous plaira de le nommer, *borné par les propriétés voisines* et qu'il est nécessaire de délimiter avec un soin extrême.

L'ilot de propriété, dont on fait l'unité foncière actuelle, se constitue par toute étendue de terre contenant une ou plusieurs parcelles contigües, appartenant au même propriétaire et situées dans la même section de commune (3). Il est regrettable que la portée de cette définition qui avait pour intention primitive d'assimiler le plus possible l'ilot de propriété à l'héritage, ait été diminuée par cette réserve : Ne sont pas considérées comme contigües les parcelles qui sont séparées par des chemins ou des cours d'eau publics. C'est briser arbitrairement l'unité territoriale correspondant à l'idée de domaine, au sens ancien d'héritage.

La *désignation juridique*, à laquelle en tout état de cause il faudra toujours se reporter, et dont le *signalement topographique* d'un immeuble ne sera jamais que l'accessoire subordonné, résume les éléments légaux et de fait dont l'ensemble caractérise l'identité d'un héritage. Que cet héritage consiste dans un vaste domaine

(1) L'enquête de 1893 donne, pour l'affirmative, 79 voix contre 4. (Fascicule IV, page 467.)

(2) La définition de la parcelle cadastrale, au point de vue particulier du cadastre fiscal, a été donnée par le *Recueil méthodique de 1811* et est demeurée jusqu'à présent la base classique des évaluations cadastrales. La Commission l'a modifiée comme suit : *La parcelle cadastrale est constituée par toute portion de terrain, présentant une même nature de culture et située dans un même îlot de propriété* (séance du 22 décembre 1897).

(3) Texte adopté dans la séance du 22 juin 1894 (Fascicule V, page 128.)

ou dans une très petite parcelle, le principe est identique, la règle reste la même, les conditions de sécurité et de contrôle ne changent point. S'il en était autrement, toutes les acquisitions réalisées depuis cent ans pourraient être contestées. Or, exiger des possesseurs actuels la production de leur titre ou la justification légale de leur droit acquis à l'exploitation, ne serait-ce pas, en rendant suspects les uns aux autres huit millions de propriétaires fonciers, provoquer la plus terrible des révolutions agraires ?

S'il est donc impossible de revenir sur le passé, il est naturel que la société contemporaine, dans son rêve de mettre la propriété foncière, la possession d'un foyer héréditaire, à la portée du plus grand nombre, cherche à consolider le droit de propriété et à identifier les immeubles. Le moyen le plus efficace a toujours été de mettre le fait d'accord avec le droit, d'assurer la concordance des indications de l'acte avec celles qui découlent de l'examen du terrain objet de la convention. On sait toujours, en bloc, que telle ou telle parcelle, dont on hérite ou qu'on achète, est située en tel lieu, mais on peut n'être pas aussi bien fixé sur les conditions exactes d'existence, de limites et d'accès de cette enclave au milieu des parcelles voisines. Le droit à la propriété d'une terre ou d'une maison peut n'être pas contesté, mais l'étendue de ce droit peut l'être. L'identité est admise, soit ; mais les modalités accessoires, contingentes ou éventuelles exigent une précision qui laisse le moins de prise possible à des conflits ou à des revendications ; l'idéal d'une législation foncière est de constater le droit de propriété avec une netteté telle que les intéressés ne soient pas obligés, pour résister à des prétentions injustes, de faire des recherches coûteuses et de soutenir des procès chanceux.

La préoccupation de satisfaire à ces exigences se révèle, à des degrés différents, dans les textes soumis dans ces dernières années au jugement de l'opinion et aux délibérations du Parlement. Les voici par ordre de date, car les étapes du progrès seront bien marquées par ce simple rapprochement.

Loi du 3 mai 1841, sur l'expropriation pour cause d'utilité publique :

ART. 4. — Les ingénieurs lèvent le *plan parcellaire* des terrains ou édifices dont la cession leur paraît nécessaire.

ART. 5. — Le plan de ces propriétés particulières, indicatif des noms de chaque propriétaire, *tels qu'ils sont inscrits sur la matrice des rôles*, reste déposé pendant huit jours à la mairie, etc.

Loi du 2 juin 1841, modifiant le titre XII du Code de procédure civile relatif à la saisie immobilière :

ART. 675. — Le procès-verbal de saisie contiendra... 3° *l'indication des biens saisis*, savoir : si c'est une maison, l'arrondissement, la commune, la rue, le numéro s'il y en a, et, dans le cas contraire, deux au moins des tenants et aboutissants ; si ce sont des biens ruraux, la désignation des bâtiments quand il y en aura, la nature et la contenance approximative de chaque pièce, le nom du fermier ou colon s'il y en a, l'arrondissement et la commune où les biens sont situés ; 4° *la copie littérale de la matrice du rôle* de la contribution foncière pour les articles saisis.

Projet de Code hypothécaire annexé au livre intitulé *Le crédit territorial en France et la réforme hypothécaire*, par M. de St-Genis (1889, 2e édition, page 214) :

ART. 13. — Les actes de mutation, à titre gratuit ou à titre onéreux, de droits immobiliers, doivent être accompagnés, pour être opposables aux tiers : 1° De l'*acte de naissance* des vendeurs ; 2° de la déclaration de changement de domicile, s'il y a lieu, conformément aux dispositions des articles 104 et 111 du Code civil ; 3° d'un *calque du plan cadastral* relatant le lieu-dit, le numéro, la section et la contenance de chacun des immeubles vendus. Ces pièces, assujetties au timbre et à la légalisation, ne seront pas enregistrées ; elles resteront annexées à la minute.

ART. 66. — Pour opérer la transcription, le requérant joint à l'expédition authentique du titre deux bordereaux contenant : 1° *l'état civil* des parties....... 4° *la désignation détaillée*, sous forme de tableau, *des immeubles*, leur situation, leur nature, leur contenance parcellaire, leur section et leur numéro au cadastre.

Rapport rédigé par M. de St-Genis, au nom de la ve section de la Commission permanente élue par le Congrès foncier international dans sa 1re session de 1889, et publié en 1892, à l'occasion de la 2e session :

Paragraphe additionnel à l'art. 13 de la loi du 25 ventôse an XI sur le notariat. (Page 33 du Rapport.)

Les notaires seront tenus d'annexer à la minute et d'insérer par extraits littéraux dans l'acte : 1° *pour les individus*, les extraits sommaires des actes de naissance et de mariage des parties, et des actes de mariage ou de décès de leurs auteurs, s'il y a lieu, lorsque ces actes n'auront pas déjà été déposés dans leur étude ; 2° *pour les immeubles*, l'extrait matriciel parcellaire et le calque ou la photographie à l'échelle de 1/1,000 du plan cadastral ; le plan de lotissement des numéros primitifs du cadastre lorsque ces numéros auront été morcelés ou subdivisés ; l'origine de propriété des biens dont traite le contrat.

Proposition de loi pour rendre plus rapide et plus économique la revision du cadastre, déposée à la Chambre des députés par M. Boudenoot, le 14 février 1894, et dont le texte modifié est devenu la loi du 17 mars 1898 :

ART. 9. — Afin d'assurer la conservation des plans et registres cadastraux (1) dans les communes où ils auront été renouvelés ou revisés, tout *changement de limite* devra, pour être opéré sur les plans du nouveau cadastre, être préalablement constaté par un procès-verbal de délimitation ou de bornage contradictoire.

(1) Ce mot de *conservation* est inexact ; on peut conserver des plans sans les tenir au courant des modifications qui se produisent sur le terrain ; il aurait fallu dire la *mise à jour permanente*, ou quelque chose d'équivalent.

Dans ces communes, la *désignation des immeubles d'après les données du cadastre deviendra obligatoire* dans tous les actes déclaratifs ou translatifs de droits réels immobiliers, sous peine d'une amende de 25 francs pour les rédacteurs des actes (1).

Projet de loi sur la Réforme hypothécaire, déposé au Sénat par le Ministre de la Justice, le 27 octobre 1896 :

ART. 3. — Les mutations par décès sont obligatoirement astreintes à la publicité.

ART. 5. — La formalité de la transcription est remplacée par le dépôt de l'acte ou de la déclaration constatant la mutation.

ART. 38. — L'article 18 de la loi du 21 ventôse an VII sur les hypothèques est complété comme suit : *Un répertoire dans la même forme sera tenu par immeuble* (2).

***

Mais toutes ces combinaisons resteront inefficaces parce qu'elles pèchent par la base. Avant de recommencer cette toile de Pénélope qui s'appelle la rénovation cadastrale, avant de modifier les principes juridiques, avant même d'unifier et de simplifier le mécanisme administratif de la publicité hypothécaire afin d'assurer à cette publicité toute son amplitude légale et réelle, il faut remonter à l'origine, revenir au point de départ et exiger la parfaite exactitude de l'acte qui consacre l'exercice du droit de propriété en en formulant la mutation.

Ce point de départ, nul ne l'ignore, c'est la déclaration de l'héritage, après le décès du propriétaire, c'est l'acte de partage entre les co-héritiers, c'est l'acte de donation ou de vente de droits immobiliers, ce sont les actes de toute sorte, authentiques ou sous seings-privés, administratifs ou judiciaires, qui sont déclaratifs ou translatifs de droits de propriété. Malheureusement, ce principe tutélaire de la correction et de l'uniformité des énonciations dans les contrats de mutation est trop habituellement perdu de vue, et, depuis quelques années, la jurisprudence de la Cour de cassation elle-même devient exclusive, par ses tolérances, de toute sérieuse publicité hypothécaire (3).

Le fait de la possession et de l'exploitation du sol suffit à motiver l'imposition foncière (art. 31 et 32 de la loi du 3 frimaire an VII), et les parcelles du propriétaire apparent sont désignées et détaillées sur l'état de section (*ibidem*, art. 43), de telle sorte que l'inscription au rôle suffit à prouver le fait de la mutation (art. 12

(1) Le texte ne mentionne pas les déclarations de mutation par décès ; c'est un oubli regrettable, car l'application de l'art. 9, déjà restreinte aux communes qui auront un cadastre neuf, y restera encore limitée aux actes de mutation notariés ou sous-seings privés et aux jugements.

(2) Voir *Annales*, 1896, pages 520 et 532 ; 1897, page 469, où sont précisés et développés les moyens pratiques d'exécution.

(3) Voir les réflexions du *Journal du Notariat*, au n° 32 de l'année 1897.

de la loi du 22 frimaire an VII) en ce qui concerne l'exigibilité du droit fiscal, la mutation elle-même s'établissant par des baux, des transactions, des conventions relatives à la propriété ou à l'usufruit, sans qu'il soit nécessaire de procéder par écrit, la mutation verbale de droits réels étant admise par l'art. 4 de la loi sur l'Enregistrement du 27 ventôse an IX, la déclaration détaillée et estimative n'ayant pour but que l'assiette et la perception de la taxe fiscale.

En matière de déclaration de succession, il doit en être fourni un détail estimatif, en tout semblable aux aveux de l'ancien régime (Art. 27 de la loi du 22 frimaire an VII). Le silence de la loi sur la nomenclature des détails à fournir a été commenté et éclairci par un arrêt de cassation du 16 janvier 1811, interprétatif des instructions de la Régie ; il faut indiquer pour chaque parcelle, la commune, le lieu-dit, la nature, la contenance, sa valeur locative ou revenu sans distraction des charges ; il n'y a d'exception que si les biens sont affermés ou forment un ensemble d'exploitation, ce qui dispense du détail parcellaire (Inst. n° 2,508, § 5.)

Le décret sur l'exécution des jugements du 21 avril 1806 (Code de procédure civile, titres XII et XIII du Livre V) et celui sur la saisie immobilière du 2 février 1811, remplacés aujourd'hui par la loi du 2 juin 1841, exigeaient pour la validité du procès-verbal de saisie une description minutieuse des biens justifiée par une copie littérale de la matrice cadastrale.

Aussi est-il extraordinaire que le titre du Code civil qui traite de la vente (titre VI du livre III, art. 1,582 et suivants) promulgué le 16 mars 1804 (25 ventôse an XII), c'est-à-dire le même jour, à un an de date, que la loi sur l'organisation du Notariat, du 25 ventôse an XI, n'ait pas pourvu à la lacune de l'art. 13 visant la forme des actes. Tout est prévu, hors la désignation de la chose, objet de la mutation, et lorsque la loi prend quelque précaution à cet égard, notamment en matière de donation entre vifs, c'est uniquement s'il s'agit d'objets mobiliers (Art. 948 du Code civil).

Il en résulte qu'on a pu vendre valablement des immeubles *non désignés* (Arrêt de cassation du 6 janvier 1813 ; Répertoire Dalloz, Enregistrement, n° 2,311) et nous avons rencontré plusieurs fois dans notre pratique professionnelle des propriétés ainsi mentionnées :

> Un domaine situé commune de .. vulgairement nommé le... d'une contenance approximative de... en diverses natures de culture et que l'acquéreur déclare bien connaître.

Est-il un état de choses plus destructif de la sécurité des transactions ?

Ces discordances n'avaient point échappé à l'attention de parlementaires éminents.

Dès 1874, M. Léon Say, rapporteur de la Commission du budget, s'exprimait ainsi (1) :

Une réforme que les circonstances imposent et dont il nous paraît urgent de demander l'étude, c'est la réunion en une seule des deux directions générales de l'Enregistrement et des Contributions directes. Ces deux administrations s'adressant en même temps, mais à des titres divers, aux ressources de la propriété foncière, on peut croire qu'elles auraient une action plus efficace, si elles étaient réunies. Une réforme partielle du cadastre a été prescrite ; pour la préparer, il est nécessaire de déterminer à la fois le revenu des propriétés et leur valeur réelle ; cette enquête ne peut se faire avec exactitude et célérité que par les agents des deux services se donnant un mutuel concours (2). La fusion des deux administrations centrales en une seule réglerait et assurerait cet accord. On y trouverait par surcroît cet avantage de pouvoir rechercher et fixer, en dehors de toutes préoccupations personnelles, dans quelle mesure les agents des deux services extérieurs qui jusqu'ici procèdent parallèlement, pourraient être employés concurremment à l'application des mesures dont ils auraient fait l'étude en commun (3).

La simplicité de la réforme est telle, soit qu'on veuille uniquement tenir les plans du cadastre au courant et utiliser ainsi la force juridique des procès-verbaux de Bornage, soit qu'on ait la tentation légitime de créer des Livres fonciers, que les Revues étrangères où l'on trouve l'appréciation de nos hésitations se montrent très surprises de l'embarras de nos législateurs. Le problème se résout par deux formules : obligation pour les notaires de rédiger des actes complets et corrects, transfert du service des mutations aux receveurs de l'Enregistrement.

Quant à la conservation cadastrale, elle se trouvera par le fait automatiquement assurée. Les rédacteurs du récent décret auraient eu profit à consulter pour les procédés d'exécution le livre publié en 1889 par M. Jules Breton, et qui conclut ainsi :

La conservation et la réorganisation du cadastre sont deux opérations parallèles, simultanées et concordantes. L'enregistrement régulier et immédiat, sur toutes les pièces et plans cadastraux, des mutations subies par des parcelles ou des propriétés légalement délimitées et comprises dans des sections exactement définies, sera par son effet même la conservation permanente du cadastre, sans qu'il en coûte rien à personne.

VIII. — EMPLOI DU CADASTRE ACTUEL POUR DRESSER LE BILAN FONCIER DE LA FRANCE

Toutes ces chances d'équivoques doivent être abolies. On a cru qu'il suffirait de refaire le cadastre, et, malgré l'expérience

(1) *Journal officiel* du 14 juin 1874, page 4,019.

(2) On sait que le service des contributions directes a eu mission d'établir isolément, et par ses seuls moyens, l'état : 1° de la propriété non-bâtie ; 2° de la propriété bâtie.

(3) De là à confier le service des mutations aux receveurs de l'Enregistrement qui en analysent et en pèsent tous les éléments, au point de vue unique de la perception des droits, il n'y a qu'une signature à donner par le ministre.

accomplie de 1807 à 1830, on a pensé qu'un nouveau plan suffirait. Les théoriciens, les bureaucrates et les ingénieurs ont dû capituler devant l'évidence. C'est le titre juridique de propriété qui constitue la légalité du droit du possesseur vis à vis des tiers; on dut avouer que le cadastre n'obtenait de valeur probante relative que par sa conformité avec les énonciations du titre juridique, et que cette concordance, à son tour, ne pouvait s'acquérir et se perpétuer que si le cadastre subordonnait son apparente permanence à la mobilité des transactions constatées par l'infinie variété des mutations. Ce n'était donc plus la nouveauté du cadastre qui lui donnait sa valeur, mais son état d'entretien, la perpétuité de son accord avec les titres, c'est-à-dire sa revision permanente au fur et à mesure qu'un morcellement modifiait les limites d'un immeuble, ou qu'une mutation, par héritage ou par acquisition, le faisait changer de mains. De là à reconnaître que le cadastre existant, quelle que fût son imperfection scientifique, n'était pas inutilisable, il n'y avait qu'un pas. Grâce à l'insistance de quelques hommes pratiques (1), ce pas fut franchi.

Le 25 mai 1894, la Commission, pour triompher des scrupules de certains de ses membres effrayés des lenteurs et des frais d'une refonte générale du cadastre actuel, inutile dans beaucoup de régions rurales et urbaines, vota l'atténuation suivante :

> La réfection du cadastre s'opérera par voie de *simple revision* partout où cette opération devra être certainement plus rapide, et entraîner des frais notablement moindres que la réfection complète, tout en donnant aux plans revisés les garanties nécessaires pour qu'ils puissent s'adapter à leur nouvelle destination avec la même précision que des plans entièrement refaits (2).

Et on la compléta par une disposition déjà votée le 4 février 1895 et ainsi conçue :

> *Les plans cadastraux actuels et autres documents publics* (3) *seront utilisés* pour les nouvelles opérations, même dans les communes où il faudra procéder par voie de réfection totale du cadastre.

Ce point acquis, *respect des cadastres anciens*, était d'une importance capitale. C'était, après une lutte très vive, la reconnaissance formelle d'une réalité pratique que nous nous félicitons d'avoir les premiers signalée et invoquée. Le progrès était possible, dans

(1) Il faut citer à leur tête, après nos illustres devanciers Vauban et Colbert, MM. Decourdemanche, Loreau, d'Audriffret, Maurice Garnier, puis ceux qui luttent en ce moment avec nous, MM. Freyssinaud, Braine, Jules Colas, La Lauze, etc.

(2) Ce texte, combattu par les utopistes du cadastre général, fut voté de nouveau sans changement le 8 décembre 1897.

(3) Il résulte de la discussion, que l'on doit comprendre sous cette désignation générale les cartes et plans qui ont servi à l'exécution des grands travaux publics, routes, chemins de fer, canaux, et les plans dressés par des géomètres privés ou des experts assermentés pour servir d'annexes à des procès-verbaux de bornage, à des actes de partage, à des adjudications par lotissement, à des contrats d'acquisition, etc.

l'état actuel des choses, sans avoir à compter avec des délais interminables et de lourdes dépenses à répartir sur de nombreux exercices. Possible la réforme hypothécaire sans qu'il fût besoin de l'ajourner jusqu'après la revision du cadastre (1). Possible l'institution des Livres fonciers avec de simples modifications dans le mécanisme administratif (2). Possible la refonte de notre régime de la propriété sans heurter les principes du Code civil (3) ni bouleverser notre organisation financière et l'économie de nos budgets (4).

Il suffisait, comme point de départ légal, *après avoir rétabli la publicité hypothécaire absolue* (5), d'utiliser ce qui existe; puis, pour l'avenir, de rendre le constat du bornage obligatoire dans tous les cas où la division de fait avait lieu.

C'est dans ce sens logique qu'il faut interpréter les plus récentes décisions de la Commission du cadastre, et nous l'en félicitons, car cette orientation nouvelle assure le succès de l'œuvre de réforme qui trouva dans le Notariat et chez les hommes d'affaires des contradicteurs si violemment obstinés.

Dans les séances des 8 et 15 décembre 1897, la Commission technique a voté la résolution suivante :

> L'Etat, les départements, les communes, les compagnies de chemin de fer et de canaux et les établissements publics seront tenus de délimiter tous les îlots de propriété, y compris les voies de communication de toute nature, qui leur appartiennent, et de les borner à leurs frais.

Ce vote était la conséquence logique de la résolution adoptée le 22 juin 1894 et ainsi formulée :

> Partout où sera entrepris le renouvellement ou la revision du cadastre, il sera procédé à une nouvelle reconnaissance et, au besoin, au rétablissement des limites des territoires communaux.
>
> Le territoire de chaque commune sera divisé en sections définies par des limites naturelles (cours d'eau, crêtes, chemins, canaux), ou tout au moins par des lignes séparatives d'îlots de propriété et rattachées à des bornes-repères.
>
> Les communes devront délimiter et borner à leurs frais, non seulement le périmètre de leurs territoires respectifs, mais encore les sections entre lesquelles le territoire de chacune d'elles sera subdivisé. Les bornes de ces subdivisions devront être en nombre tel qu'on puisse, en les utilisant comme points de repère, rétablir, en cas de besoin, par des mesurages simples et rapides, les limites de tous les îlots de propriété (6).

(1) Le *Crédit territorial, en France, et la Réforme hypothécaire* (2e édition, 173).

(2) *Annales*, 1891, page 354. (*L'Enregistrement et les Livres fonciers.*)

(3) *Annales*, 1897, pages 467, 481 et 545. (*Les Livres fonciers d'après le Code civil.*)

(4) *Annales*, 1895, page 528. (*Réorganisation des bureaux d'enregistrement par la connexité du Cadastre, du Notariat et de l'Enregistrement.*)

(5) *Annales*, 1896, pages 341, 365, 413, 484, 517, 521 et 533. (*Le futur Code foncier.*)

(6) Ces résolutions sont devenues les articles 4, 5 et 6 du projet délibéré dans la séance du 8 décembre 1897.

Ce sont là des préliminaires pratiques et rationnels; ils n'effrayeront ni les économistes, ni les juristes, et profiteront à cette masse de propriétaires agricoles qui représentent la partie la plus nombreuse et la plus laborieuse de la Nation. La réfection générale du cadastre n'était qu'une utopie, une erreur d'intellectuels.

Les lenteurs probables et les frais certains d'une aussi vaste opération n'ont pas été méconnus, même par les promoteurs les plus enthousiastes de l'œuvre nouvelle. Cela est si vrai, et l'on faisait si peu de fond sur la réalisation effective de la réforme foncière (1), que le Président de la Commission technique lui-même, M. Boudenoot, n'hésita pas à pourvoir au plus pressé en déposant au Parlement la proposition de loi, à laquelle nous fîmes allusion plus haut, tendant à favoriser l'initiative des communes qui voudraient procéder à la revision de leurs plans cadastraux et assurer leur conservation, sans attendre l'achèvement des travaux de la Commission (2). L'honorable député a cru devoir s'en excuser auprès de ses collègues, dans la séance du 8 décembre 1897, en se couvrant de l'autorité de deux ministres des finances, MM. Doumer et Cochery, qui, successivement, s'approprièrent son texte en l'insérant dans la loi de finances de 1897, puis en la détachant de la loi du budget pour faire ratifier par le Sénat le vote de la Chambre. Cette loi, qui marquera une étape du progrès foncier par ses articles 3 et 9 (3), porte la date du 17 mars 1898. (*Journal officiel*, page 1689.)

Elle a un double défaut, comme nous l'avons dit, celui de subordonner son application à l'existence contingente d'un *cadastre neuf*, celui de viser uniquement les *mutations entre-vifs* qui n'entrent que pour moitié tout au plus dans l'ensemble des transferts de droits immobiliers (4).

Si l'on examine ce qui se passe autour de nous, dans le monde des affaires, on s'étonne de voir des administrateurs, des députés, des magistrats, des avocats, si peu au courant de la pratique élémentaire.

(1) Il s'écoulera de longues années, a dit M. Boudenoot le 8 décembre 1897, même en mettant toutes choses au mieux, avant le vote de cette série de lois sur la réforme hypothécaire, la réfection du cadastre, l'institution de Livres fonciers, dont l'ensemble doit constituer notre future législation foncière. Nos travaux préliminaires ont déjà duré sept ans, et ils ne sont pas achevés. Faut-il se croiser les bras en attendant ? Faut-il laisser inutilisées tant de bonnes volontés ? Faut-il abandonner tant d'intérêts compromis ?

(2) Proposition de loi tendant à rendre plus rapide et plus économique la revision du cadastre (Chambre des députés, VIe législature, session de 1894 ; impressions, n° 373, dépôt du 10 février 1894.

(3) Syndicats de bornage et obligation de mentionner le cadastre dans les actes déclaratifs ou translatifs de droits immobiliers.

(4) Les receveurs de l'Enregistrement reçoivent, par l'art. 9, le droit de relever et de recouvrer, comme en matière fiscale ordinaire, l'amende de 25 francs édictée contre les contrevenants.

Les adjudications en justice, en laissant de côté les ventes à l'amiable où le nouvel acquéreur est supposé connaître de longue date l'immeuble qu'il a eu le désir d'acheter, contiennent les désignations les moins semblables quant à leur nature et à leur précision, alors que l'uniformité des énonciations visant l'identification de l'objet mis aux enchères devrait être d'obligation. Une adjudication devant le tribunal du Havre (25 mars 1898) résume ainsi ses brèves indications :

Une petite ferme, sise à Saint-Romain-de-Colbosc, hameau de Sotteville, lieu dit la Broche-à-Rôtir, contenant 1 hectare 54 ares 20 centiares, est mise à prix à 3,500 fr.

Par contre, dans une vente sur licitation du 31 mai 1898, devant un notaire commis, je trouve cette minutieuse description d'un des lots de l'enchère :

Une maison, située à Saint-Romain-de-Colbosc, sur le bord et à l'Ouest de la rue Sylvestre-Duménil (anciennement rue de Saint-Michel), couverte en ardoises, divisée en deux locations :

La première, vers le Nord, occupée par M. Louis Aubin, comprenant : au rez-de-chaussée, salle, petit couloir et cuisine ; en arrière, grande allée pour voitures par laquelle on accède à une cour, dans laquelle deux hangars et grand atelier de maréchalerie couvert en tuiles avec vitrages ; au premier étage, trois chambres, grenier au-dessus ;

L'autre, au Sud, occupée par M. Paul Leseigneur, composée : au rez-de-chaussée, de cuisine ; au premier étage, de deux chambres ; grenier au-dessus ; petit bûcher, buanderie, citerne avec pompe faisant partie de la location de M. Aubin.

Cette propriété figure au cadastre sous les n°s 92 et 93 et partie du n° 94 de la section B, et est d'une contenance d'environ trois cent quarante-six mètres carrés.

Elle est bornée : à l'Est, par la rue Sylvestre-Duménil ; à l'Ouest, par M. Louis Aubin, murs mitoyens ; au Nord, par les 2e, 3e et 4e lots, murs de séparation également mitoyens, et au Sud, par un mur dépendant de la propriété à vendre au-delà duquel un autre mur appartenant aux représentants Duvrac, propriétaires limitrophes de ce côté.

Notez qu'il s'agit ici d'une maison et non d'un ensemble de parcelles moins aisées à délimiter et à définir qu'une propriété bâtie. Pourquoi cette abondance de détails d'une part, cette sécheresse de l'autre ?

Prenant, au hasard, dans les annonces légales des journaux de province, la désignation de biens à vendre, si différentes que soient les régions, nous y constatons l'emploi du cadastre actuel, même pour des parcelles minuscules, avec une précision dénotant que l'insertion n'indique pas un à-peu-près mais une certitude.

En Normandie, dans l'annonce de la licitation Guillebert (*Journal du Havre*, 23 mars 1898), je lis :

Une pièce de terre en joncs-marins, de 95 ares, portée au cadastre de la commune d'Ypreville, sous le n° 72 de la section B, bornée, d'un long au sud, etc.

Une futaie de 18 ares 90, n° 69, partie de la section C, bornée, etc.

Un labour de 6 ares 07, n° 79 partie, section C, bornée au nord par le chemin de Valmont, d'un bout, par Alexis Bertel, etc.

En Poitou, un cahier de charges du 23 février 1898 (*Mémorial du Poitou,* à Châtellerault), donne cette désignation pour la commune de Sénillé :

Une clôture plantée d'arbres fruitiers, de 6 ares 35, n° 92 du cadastre, section D, lieu dit aux Vignes, joignant la route à la borne kilométrique 27, du nord, Jean Michel, du midi, Pierre Droin, etc.

Un labour dit les Grois, de 5 ares 70, n° 98, D, entre le chemin de fer et la route.

Une terre, les Jaultmeuniers, de 51 centiares, partie à l'extrême nord du n° 102, D, joignant Luc Bernet au midi, etc.

Un pré, les Petits Marais, divisé par le ruisseau du Rû en 2 pièces, l'une au nord de 51 centiares, l'autre au midi de 38 centiares, partie à l'est, du n° 103, D, joignant, etc.

Un pré, au même lieu, divisé par le Rû, en 2 pièces, l'une de 2 ares 36, l'autre de 8 ares 27, n° 104 partie, section D, joignant du nord, etc.

En Bourgogne, même morcellement excessif, même luxe de désignations cadastrales indiquant non seulement l'emploi régulier du plan communal mais la précision des confins, malgré la petitesse des parcelles particulières entre lesquelles a été subdivisé le numéro primitif.

Le cahier des charges de la licitation Bony contient la désignation de 66 lots parmi lesquels ceux-ci (*L'Indépendant de l'Auxois,* 10 février 1898) :

Commune de Quincy-le-Vicomte.

L'Orme, section D, n° 167 partie, 9 ares 20 de pré, joignant, etc. Mise à prix 180 fr.

Les Ormeaux, D, 160, 3 ares 55 de pré ; joignant, etc.

Les Jarnets, section F, n°s 742 et 743, 51 ares 50 de terre en 2 pièces contiguës, bornés au nord, par le chemin vicinal n° 12, etc.

Champ-Loisy, section G, n° 1,557, 5 ares 45 de terre, joignant, etc.

Rocheret, B, n° 303 partie, 4 ares de vigne, joignant du nord Jean Rézé, etc.

Même lieu, B, n° 307 partie, 1 are de vigne, joignant du nord Rézé, du midi Luc Rabiot, etc.

Sous-Grive, B, n° 319, 4 ares de friche joignant du midi le communal, du couchant Pierre Martinot, etc.

La Demoiselle, G, n° 604, 4 ares de vigne sur le chemin de Quincy, proche la borne kilométrique 7, joignant du nord, etc.

Commune de Fain-les-Moûtiers.

Vaucheille, section A., n° 302, 3 ares de jardin, joignant au nord le cimetière, etc.

Dans les Alpes, même soin dans les indications servant à identifier les parcelles. Un journal de Sisteron (7 décembre 1897), décrit ainsi une parcelle à vendre aux enchères :

Commune de Curel, les Amandiers, terre plantée de 2 ares 37 centiares, partie du n° 64 de la section C, joignant du nord en pointe la clôture des Aubues, n° 65, du midi Luc Viau, du levant le chemin rural du roc, du couchant le chemin rural des Vignes.

Pourquoi, du moment où les hommes d'affaires possèdent ces renseignements, ne point contraindre les notaires à les reproduire intégralement dans leurs actes ?

Ces exemples, qu'on peut citer chaque jour par centaines, prouvent d'une part le caprice et l'arbitraire des énonciations descriptives, de l'autre l'emploi universel et raisonné de l'ancien cadastre qui n'est décrié que par les utopistes. Pourquoi dès lors ne point édicter immédiatement l'obligation à tout rédacteur d'un acte de mutation ou d'une déclaration de succession de procéder conformément aux indications d'une formule légale, la même pour tous ?

Le malentendu persistant qui fait ajourner tant d'utiles réformes au profit de progrès secondaires, qui ne devraient en être que les accessoires subordonnés, n'a d'autre cause que la prétention professionnelle d'esprits enfermés dans leur spécialité et auxquels échappent les vues générales. On cherche bien loin le moyen de discerner les dissemblances, alors qu'il suffit de désigner correctement les objets qu'on veut classer ; ce préliminaire rend tout aisé. Ceux que gêne la multiplicité des parcelles foncières rappellent le mot naïf d'une femme de Ministre qui, attirée pour la première fois aux courses du Grand Prix par la situation inattendue de son mari, s'émerveillait du groupe bariolé des jockeys et s'écriait : Comment peut-on les reconnaître ? Pas un n'est pareil à l'autre !

C'est ce caractère spécial une fois fixé qui permet de suivre l'objet dans les mains où il passe. Les ingénieurs et les doctrinaires, s'ils reculent devant la tâche si facile de classer les quelques centaines de parcelles d'une commune, parcelles matérielles, visibles et stables, peuvent demander des leçons aux bibliographes tels que l'abbé Grégoire en 1794, tels que Van der Haeghen, Melwil Dewey, Ferdinand Bonnange, Henri Stein en 1898. Quand on réussit à cataloguer des millions de livres mobiles, fuyants, aisés à confondre entre eux, de tout idiôme, de tout format et sur tous sujets, par une méthode scientifique impeccable, l'institution d'un livre terrier n'est qu'un jeu d'enfants (1). Mais, aussi bien pour retrouver un livre dans une bibliothèque qu'un immeuble dans un terrier, il faut, avant tout, que le libraire ait inscrit le livre au catalogue et le notaire l'immeuble au contrat.

C'est ce point de départ qu'on oublie. C'est en y revenant, c'est en faisant converger vers un même but des formalités variées dont la conception primitive a été perdue de vue, qu'on résoudra sans brusquerie le problème foncier : La réforme fiscale par la sécurité du titre foncier, l'impôt devenant en réalité le prix d'un service.

(1) Voir *Revue des Deux-Mondes* du 1er janvier 1898. (Les problèmes bibliographiques.)

IX. — LA CORRECTION NÉCESSAIRE DES CONTRATS

Tel est donc l'état de la question : On sait ce qui est impraticable, on comprend ce à quoi il faut aboutir ; mais la formule d'application pratique n'a pas encore été trouvée, ou plutôt n'a pas été définitivement choisie, car on se dérobe à son évidence.

La raison en est dans l'indifférence de l'Enregistrement qui s'efface outre mesure (*Annales*, 1895, page 193) et dans la convoitise d'autres services qui exagèrent leurs mérites ; le public l'attribue surtout à la complication des commissions trop nombreuses où chacun apporte ses théories et où il ne se forme pas de majorité consciente de ses opinions. Dans cette question, qui ne paraît compliquée que par le parti-pris de chacun de refuser de la croire simple, il faudrait trois spécialistes différents, imprégnés de la volonté d'aboutir en dehors de toute prétention corporative. Les spécialistes de chaque catégorie se comprennent entre eux, mais ils négligent trop de se rendre intelligibles au grand public ; en matière de lois foncières, il conviendrait d'écarter les gens trop savants, les esprits trop subtils, professeurs de droit, ingénieurs, conseillers d'Etat, théoriciens administratifs.

Trois praticiens suffiraient : un notaire rural, un géomètre-expert, un conservateur des hypothèques de la carrière.

Dans l'espèce, on a accumulé enquêtes sur enquêtes, dissertations sur calculs, projets sur hypothèses, pour se dégager de l'inextricable réseau où l'on s'aventurait en prenant l'accessoire pour le principal et une simple étape pour le point d'arrivée.

On se fût évité beaucoup de tracas en vérifiant uniquement la rédaction des actes de mutation et en examinant s'il ne convenait pas de les soustraire à la négligence des uns, à la mauvaise foi des autres, au caprice de tous, en en rendant obligatoires les énonciations essentielles et en écartant l'arbitraire pour faire revivre l'ancienne correction des contrats.

La loi Boudenoot, qui s'est inspirée de celle du 7 août 1850 et des discussions du Sénat impérial de 1866, a visiblement déconcerté les bureaux ; elle serait vivifiante dans son principe si son application ne dépendait pas d'un futur contingent. Telle quelle, elle ouvre la voie ; en la reprenant, en la complétant (1), elle suppléerait à tout ce qui reste en suspens faute de résolution et de certitude pratique, car les projets très étudiés ne manquent pas dans les cartons des ministères. Malheureusement, ils n'ont ni cohésion ni vues d'ensemble, et, excellents en soi, dans l'étroitesse de leur objectif restreint, ils ne sauraient aboutir à un résultat que

(1) La critique du texte a été faite avec infiniment de perspicacité et de sens pratique par M. Braine, dans son mémoire sur une proposition additionnelle, publié à Arras en 1896.

par un amalgame raisonné, une fusion complète des principes hétérogènes qui s'y trouvent accumulés sans s'y mêler.

C'est ainsi que le projet de loi du 27 octobre 1896 sur la réforme hypothécaire et la loi du 17 mars 1898 sur le cadastre municipal renferment d'excellentes intentions, de sages mesures, mais qui, isolées, manquant de point d'appui et n'ayant point la base solide d'une description exacte et détaillée des héritages formant l'objet des transferts ou des engagements, resteront inefficaces. Et cependant, que de bonnes volontés sont toutes prêtes, que d'hommes de mérite, désintéressés et actifs, n'attendent qu'un mot d'ordre, un accord sérieux, pour aller de l'avant !

Une lettre d'un ami, étranger à l'Administration, mais un maître dans sa spécialité, contient ceci :

> Les soldats sont prêts, l'état-major hésite. L'Administration supérieure ne sait, elle-même, à quoi se résoudre, partagée qu'elle est entre de nombreux systèmes. L'état de section du fameux cadastre de Neuilly-Plaisance ne se fait pas, faute de formule. Comment le rédiger pour cadrer avec votre répertoire foncier ? Dites-le moi, et je fais imprimer dans la Haute-Marne ou dans Meurthe-et-Moselle des états qui serviront de modèles.
>
> L'exécution intégrale des documents cadastraux (plans et registres), la conservation des plans par une mise à jour permanente, l'indication des numéros cadastraux dans les actes et les déclarations de mutation, tout cela peut être assuré, du jour au lendemain, par les géomètres locaux dont les cabinets sont remplis de pièces probantes. Espérons qu'on ne les dépouillera pas au profit de fonctionnaires qui, appointés, qu'ils dorment ou qu'ils arpentent, laisseront le cadastre vieux ou neuf tomber en ruine, tandis que les géomètres ne demandent qu'à être payés à proportion du travail fourni.
>
> La loi Boudenoot a été votée devant les banquettes vides d'une fin de session ; c'est, paraît-il, le bon moyen pour faire voter des lois d'affaires par nos politiciens. Pourquoi n'userait-on pas de ce procédé à propos de la réforme hypothécaire ? Je m'arrête sur ce terrain où je ne me sens plus chez moi, cependant il faut aboutir et, pour ce, se résigner à suivre les mœurs de notre temps : ne rien heurter, ni les contrôleurs, ni le notariat, ni nos jurisconsultes, ni nos tribunaux. Il faut renoncer à faire grand et s'infiltrer tout doucement dans les mœurs et les habitudes de notre époque. (Jules C., 18 avril 1898.)

Le débat peut donc se résumer ainsi. Les théoriciens acceptent l'urgence de la réforme, les professionnels sont prêts ; les bureaux, sentant que les intéressés se décideront quelque jour à se passer d'eux, rédigent des projets hâtifs qui ne supportent pas la discussion contradictoire et tombent ou sont retirés, n'ayant pour objectif que de gagner du temps, de fatiguer l'opinion, d'imposer par lassitude le *statu quo*, le maintien du monopole des intermédiaires et des parasites. Les commissions s'éternisent, et les propriétaires fonciers, *les seuls intéressés et les seuls dont on ne parle pas,* tandis qu'on réserve *les droits acquis* des officiers ministériels, des fonctionnaires, des intermédiaires de tout poil, officieux et officiels, attendent patiemment sous l'orme d'Anatole France.

Dans cette faillite universelle, est-il enfin permis aux particuliers soucieux du bien public de prendre l'initiative et de proposer un terrain d'entente, un préliminaire transactionnel qui, sans engager l'avenir, utilisant tout ce qui existe, permette de faire sur le champ un pas en avant, sérieux et décisif ?

Il suffit de prendre la question à son nœud vital, en négligeant les problèmes accessoires dont on l'a alourdie. Vous recherchez l'identité de l'immeuble ? Quoi de plus simple, avant de créer un instrument de contrôle pour vérifier ce qui n'existe pas, que d'obliger celui qui se prétend propriétaire à identifier l'objet dont il dispose ?

La mesure désirée serait d'autant plus rationnelle qu'il ne s'agit point de suppléer à l'ignorance ou à l'erreur d'une partie intéressée, mais uniquement de corriger la faute du notaire, du greffier ou du scribe qui traduit mal les preuves qu'on lui apporte.

X. — MOYENS RAPIDES D'EXÉCUTION

Rien n'est nouveau dans le système législatif qu'on semble avoir la prétention de créer de toutes pièces après avoir fait table rase du passé. Tous les rouages existent ; il est inutile d'en créer d'autres ; il suffit d'en régler le mouvement et d'en solidariser l'action convergente. Depuis 1880, l'expérience faite au bureau des hypothèques de Tulle après l'incendie des archives (1) est concluante ; nul n'en parle, la commission du cadastre elle-même semble l'ignorer, et cependant, dans le cercle rétréci des possibilités actuelles, c'est le type des bureaux fonciers du XXe siècle.

Les matériaux de publicité se créent chaque jour par milliers, il faut en rendre l'emploi obligatoire ; le cadastre lui-même dont on a mauvaise grâce, paraît-il, à montrer la valeur pratique, est pourtant la base légale des procédures les plus délicates, la saisie, l'expropriation pour cause d'utilité publique (2). Mieux employer le zèle et les aptitudes de fonctionnaires que des règlements surannés condamnent à paperasser au lieu de chercher, d'innover, de simplifier, de faire œuvre utile ; contraindre les officiers ministériels à une initiative et à une responsabilité effectives ; associer vers un but commun tant de forces éparses qui se perdent au préjudice de la fortune publique ; restituer au crédit territorial sa souplesse et son ressort ; réaliser, enfin, le progrès juridique et l'avancement social par les moyens les plus simples, les plus

(1) Voir le récit que nous avons fait de cette réorganisation et de cette expérience dans les *Annales* de septembre 1896, pages 368 et 396.

(2) De 1844 à 1853, M. de Robernier a fait dans le Gard avec un plein succès l'essai du *Terrier perpétuel*, et il paraît difficile d'inventer un mécanisme plus efficace et moins coûteux (*Annales*, 1896, 83).

rapides, au lieu de s'épuiser en discussions byzantines et d'égarer l'opinion par des chimères (1).

Nous nous rallions tout d'abord, en négligeant quelques points de détail discutables, au projet de loi déposé par le Gouvernement le 27 octobre 1896, parce qu'il institue les deux éléments constitutifs de la réforme hypothécaire : 1° la publicité absolue ; 2° le répertoire par immeuble, en concordance avec le répertoire par individu et avec le cadastre (2).

Subsidiairement, car *le principe de la publicité absolue*, avec ses procédés d'exécution, doit être avant tout proclamé et appliqué, nous résumons dans la proposition de loi dont la teneur suit (3) les mesures concomitantes à défaut desquelles le projet ministériel, qui les a négligées, ne serait lui-même qu'un instrument faussé d'avance.

PROPOSITION DE LOI

ART. 1er. — L'article 13 de la loi du 25 ventôse an XI sera complété comme suit :

L'identité des parties sera constatée par la production et l'énonciation des actes de l'état-civil ; celle des immeubles par l'extrait littéral de la matrice cadastrale, conformément à l'article 675 du Code de Procédure civile ; si les biens ont fait l'objet d'un partage ou d'un lotissement, on annexera au contrat le plan du morcellement, à l'échelle du plan cadastral de la commune de la situation des biens, certifié par un géomètre-expert.

ART. 2. — L'article 1582 du Code civil sera complété comme suit :

Les actes sous-seings privés portant mutation de biens ou droits immobiliers ne seront opposables aux tiers que s'ils ont été déposés chez un notaire et complétés, le cas échéant, quant à l'identité des individus et à la désignation des biens, dans l'acte de dépôt, comme il est dit à l'article 1er.

ART. 3. — Ces justifications sont imposées à tous les actes et jugements déclaratifs ou translatifs de droits réels, ainsi qu'aux déclarations de mutation par décès faites conformément aux articles 27 de la loi du 22 frimaire an VII et 11 de celle du 6 décembre 1897.

Au cas d'inexécution ou de justifications incomplètes, le receveur de l'Enregistrement refusera la formalité et l'officier ministériel, notaire, greffier, etc., ou le requérant, s'il s'agit d'un acte sous-seing privé ou d'une déclaration,

(1) Se reporter à l'une de nos études sur les Livres fonciers (*Annales*, 1897, pages 469 et 545) où nous avons signalé aux juristes purs et aux doctrinaires ce qu'on pouvait obtenir, sans fracas, ni frais ni délais, *en utilisant les professionnels*, d'après la méthode rationnelle proposée par M. Loreau, directeur à Poitiers (1826 à 1841), complétée par le marquis d'Audiffret (1828 à 1874), renouvelée par M. Maurice Garnier (1860 à 1875).

(2) Voir la comparaison du projet avec notre propre formule de 1889 (*Annales*, 1896 et 1897).

(3) Voir l'étude sur ce que devra être le futur Code foncier, aux *Annales* de 1896, pages 341, 365, 413, 484 et 517.

sera tenu, séance tenante, d'une amende de 25 francs, sans décime, et non susceptible de remise ou de restitution, sous quelque prétexte que ce soit (1).

ART. 4. — L'article 2197 du Code civil sera complété comme suit :

Le *Stellionat*, tel qu'il est défini par l'ancien article 2059 du Code civil de 1804, actuellement dépourvu de sanction pénale depuis que la loi du 22 juillet 1867 a aboli la contrainte par corps en matière civile et abrogé le titre XVIe du Code civil, sera désormais passible des peines portées par l'article 402 du Code pénal, visant la banqueroute et l'escroquerie. Les rédacteurs des actes contenant un Stellionat pourront être poursuivis comme complices (2).

ART. 5. — L'article 2181 du Code civil sera complété comme suit :

Les procès-verbaux de bornage dressés par les géomètres-experts, commis par jugement ou désignés d'un commun accord par les propriétaires contigus, seront exempts de timbre, enregistrés et transcrits gratis, s'ils sont accompagnés d'un plan à l'échelle du plan cadastral de la commune (3).

Un règlement d'administration publique fixera la délivrance des extraits et la revision des plans du cadastre qui devront être tenus à jour au moyen des *mutations opérées par les receveurs de l'Enregistrement* (4), au fur et à mesure de l'enregistrement des actes de mutation entre-vifs ou des déclarations de mutations par décès.

***

Ces cinq articles, légèrement modificatifs de la législation actuelle, n'en heurtent point les principes mais se bornent à y combler des lacunes regrettables ; ils suffiraient à fournir un terrain solide à l'essai raisonné de Répertoires fonciers précurseurs des Livres fonciers (5). Nous l'affirmions déjà en 1889, n'ayant pas la sotte prétention de nous substituer à nos devanciers, mais le désir de remettre en lumière leurs idées et leurs principes. Dès 1829, l'avocat Alphonse Decourdemanche, auteur du système que M. Yves Guyot attribue à Robert Torrens, faisait, de conservateurs spéciaux chargés de *l'entretien des mutations* (*Du*

(1) Les notaires auraient mauvaise grâce à se plaindre qu'on leur impose l'étroite obligation de mentionner dans leurs actes les preuves écrites de ce qu'il affirment, alors qu'on les autorise à fixer eux-mêmes le tarif de leurs honoraires et qu'ils demandent à être exonérés de l'assistance du notaire en second et des témoins instrumentaires. (*Journal du Notariat :* 1891, pages 289 et 305 ; 1898, page 272.)

(2) Nous avons, dès le 1er décembre 1896, formulé dans ces termes le projet de défense de la propriété contre l'exploitation du crédit rural par l'escroquerie du Stellionat. (*Annales*, 1896, 521.)

(3) Voir les conclusions de l'enquête agricole ouverte par le décret du 28 mars 1866, en ce qui concerne notamment *l'entretien du cadastre par les mutations*, et la création d'un *Livre foncier* contenant *l'état-civil des biens* et formant le titre commun de la propriété foncière. Le décret du 30 mai 1891 n'a rien innové. (*Annales*, 1891, page 305.)

(4) Voir l'étude intitulée : Le Notariat, les Géomètres-Experts et l'Enregistrement. (*Annales*, 1896, 81.)

(5) *Le Crédit territorial et la Réforme hypothécaire* (2e édition, pages 173 et 230.)

danger de prêter sur hypothèque, etc., 1re édition, pages 81 et 129), le pivot de l'organisation foncière. La Commission technique du Cadastre n'a pu que rééditer presque textuellement ses formules et ses procédés.

On oublie trop que les prescriptions, dont nous sollicitons la généralisation législative par des vues méthodiques, existent ça et là au profit d'intérêts spéciaux, tantôt pour éclaircir une procédure comme en matière de saisie, tantôt pour favoriser une société commerciale quand il s'agit du Crédit foncier, tantôt dans un simple but fiscal. Ainsi, dans ce dernier ordre d'idées, l'article 2 de la loi du 3 novembre 1884 sur le tarif réduit applicable aux échanges d'immeubles ruraux s'exprime ainsi :

Dans tous les cas, le contrat d'échange renfermera l'indication de la contenance, du numéro, de la section, du lieu-dit, de la classe, de la nature et du revenu du cadastre de chacun des immeubles échangés, — et un extrait de la matrice cadastrale desdits biens qui sera délivré *gratuitement*, soit par le maire, soit par le directeur des contributions directes, sera déposé au bureau lors de l'enregistrement de l'acte (1).

Pourquoi ne pas imposer purement et simplement cette obligation aux notaires pour les immeubles qui font l'objet de conventions de prêt ou de contrats de partage ou d'acquisition ? Aux avoués quand ils rédigent des cahier des charges ? Aux greffiers lorsqu'ils constatent des ventes judiciaires ? Aux héritiers lorqu'ils formulent des déclarations de mutations par décès ? La formule n'est point à créer ; elle existe, il suffit de l'étendre à tous les actes portant mutation ou attribution de droits immobiliers au lieu de la limiter à des exceptions.

Cela fait, tout s'aplanit ; les objections juridiques disparaissent, les difficultés administratives s'évanouissent ; tout devient clair, mple, pratique (2).

XI. — CONCLUSIONS

Nous adjurons les agents de tout grade de l'Enregistrement d'être attentifs à ces discussions. Il s'agit de leur avenir et du bon renom de l'Administration qui, par origine, par tradition et par possession d'état, a seule qualité pour rester dépositaire des titres de la propriété foncière.

(1) L'art. 2 de la loi belge du 17 juin 1887 relative aux échanges de *biens ruraux non bâtis* et qui a pour double objectif de faciliter la réunion des parcelles et de les rapprocher du centre de leur exploitation, exige les mêmes désignations cadastrales très détaillées.

(2) Voir l'exposé d'une méthode prompte et économique pour la rénovation du cadastre publié en 1878 par M. Trémoulet, notaire, dans la *Réforme économique* ; le projet de M. Freyssinaud, aucien juge de paix, sur le bornage cadastral, reproduit par les journaux parisiens, le 20 janvier 1894 ; la loi du 30 juillet 1890 sur les syndicats ruraux d'Alsace-Lorraine, traduite par M. Jules Challamel, avocat, en 1895 ; l'étude de M. Braine, notaire honoraire, sur le projet Boudenoot, adressée au Sénat en 1896.

A plusieurs reprises, les conservateurs des hypothèques furent sollicités de se grouper pour la défense commune (1), de se solidariser pour attester qu'ils restaient dignes de leur mission et résolus à marcher les premiers vers le progrès (2). Ils n'ont pas répondu à ces appels réitérés, venant de plusieurs côtés. Leur effacement volontaire les discrédite et, si l'on en croit certains présages, ils sombreront avec ce navire désemparé qu'ils ne surent ou n'osèrent outiller à la moderne (3). Revenons par conséquent à la formule qui nous a toujours été chère, à la formule du 9 messidor an III, à celle du 9 vendémiaire an VI, à celle du 11 brumaire an VII : *Les bureaux d'hypothèques aux receveurs de l'Enregistrement* (4). Avec un cadre d'agents recrutés avec soin et bien payés, pourquoi l'unité cantonale ne deviendrait-elle pas le centre administratif juridique et fiscal de tout ce qui touche à la *propriété territoriale ?*

La connexité des lois sur les taxes de mutation, le tarif successoral, la publicité hypothécaire, et l'extension du crédit qui repose sur le droit de propriété, permettrait de résoudre, avec une simplicité pratique qu'on ne recherche point assez, le nœud des problèmes financiers à l'ordre du jour, c'est-à-dire de réaliser la réforme fiscale par la sécurité du titre foncier.

*
* *

L'accroissement prochain du rôle réservé à l'Enregistrement, est établi par les très instructives statistiques que M. Fernand Faure a pris l'initiative de publier dans le tome II (1898) du *Livre gris* (*Bulletin de statistique et des documents intéressant l'Administration de l'Enregistrement, des Domaines et du Timbre*). Les tableaux accusant le *mouvement des mutations immobilières à titre onéreux*, de 1826 à 1896, seront une révélation pour l'économiste et le législateur.

Après l'importance des mutations immobilières, en tant que *valeur vénale* taxée, leur *nombre* annuel, leurs variations, et surtout leurs

(1) Rendons ici un nouvel hommage à l'esprit d'indépendance, à la ténacité de notre savant ami M. Jalouzet qui, dans la *Revue hypothécaire*, plaide, en dépit d'elle-même, pour une corporation qui n'ose même plus se laisser défendre. Se reporter aux *Annales* de décembre 1894, page 533 (*Les Conservateurs*), et du 15 juin 1897, page 265 (*La faillite hypothécaire*).

(2) Parmi les conservateurs en activité de service qui ont le mieux compris les devoirs que leur imposaient les circonstances, nous citerons M. de France de Tersant, M. La Lauze et M. Asse qui, l'un par ses savantes publications, l'autre par ses innovations dans la manutention dont le Directeur général a autorisé l'essai, le dernier par sa courageuse campagne contre le Stellionat, ont bien mérité du personnel tout entier.

(3) Est-il besoin de citer à l'appui de notre opinion le projet de loi contre les Conservateurs des hypothèques, déposé à la Chambre par M. Cochery, ministre des finances, le 4 mars 1897 ?

(4) *Annales*, 1895, pages 107, 524, 528 et 540.

catégories par *quotité de prix*, présenteraient le plus sérieux intérêt; malheureusement, c'est seulement à partir de 1878 que les comptes du budget en indiquent le nombre, et à partir de 1896 que les relevés administratifs en donnent le classement. Le mouvement des acquisitions passe de 1,119 millions 1/2 de francs en 1826, à 2,872 en 1881, pour retomber à 2,109 1/2 en 1895. Le nombre des transferts, de 1,021,651 en 1878, recule à 841,668 en 1895. Les crises s'accentuent en 1850, en 1870, en 1889 et en 1894. La démonstration serait concluante si des tableaux comparatifs semblables pouvaient être établis pour les *mutations immobilières à titre gratuit* (Donations et Successions). Les mutations de l'espèce touchèrent, en 1869, à 4 milliards 1/2 de capitaux; en 1895, à près de 7 milliards. D'autre part, les acquisitions portent, en moyenne, dans la proportion des 2/3, sur des immeubles dont le prix ne dépasse pas *mille francs*.

De même que les grosses cotes, les grosses acquisitions sont l'infime minorité. Le poids des taxes et les surprises de la procédure enrayent de plus en plus les transactions du marché foncier qui, d'après des calculs modérés, augmenteraient de 70 0/0 si l'on allégeait l'impôt et assurait la sécurité du titre. Les 3 0/0 de cette plus-value de recettes suffiraient à relever nos traitements dans une proportion convenable; y pense-t-on ? Nos législateurs oublient trop l'adage expérimental de la fiscalité romaine : *E fontibus flumen, e securitate mutatio.*

OUVRAGES DE M. FLOUR DE SAINT-GENIS

ADMINISTRATION ET FINANCES

MANUEL DU SURNUMÉRAIRE de l'Enregistrement, des Domaines et du Timbre, 13e édition. In-8° de XX, 665 pages. 1890. *Epuisé.*

MANUEL DU CANDIDAT AU SURNUMÉRARIAT, 12e édition. *Epuisé.*

MANUEL PRATIQUE *du candidat au Surnumérariat, d'après les plus récents programmes.* In-8°. 1896. Sous forme de *questionnaire,* d'après les carnets des Comités d'examen. Marchal et Billard, éditeurs.

TARIF GÉNÉRAL DES DROITS ET AMENDES en matière d'enregistrement, de timbre, de greffe et d'hypothèques, d'après les dernières lois de finances (avec 7 tableaux synoptiques), 7e édition. In-8°. 1877. *Epuisé.*

ETUDES DE DROIT INTERNATIONAL. L'HYPOTHÈQUE JUDICIAIRE en France, comparée aux institutions qui la remplacent dans les différentes législations étrangères. In-8°. 1881. *Epuisé.*

LE CRÉDIT TERRITORIAL EN FRANCE ET LA RÉFORME HYPOTHÉCAIRE. In-8°. 1889. 2e édition, *avec un projet de loi en 150 articles, sur la réforme hypothécaire et de nombreuses statistiques.* Guillaumin et Cie, éditeurs à Paris.

LA SÉCURITÉ DU TITRE FONCIER ET LA RÉFORME HYPOTHÉCAIRE. In-8°. 1890 (Extrait des publications de la Société havraise d'Etudes diverses).

LA PROPRIÉTÉ RURALE EN FRANCE *et l'imperfection de nos lois foncières,* sous le pseudonyme de Georges Stell (*Nouvelle Revue.* Novembre 1890).

LA COMMISSION DU CADASTRE ET LES LIVRES FONCIERS (*Nouvelle Revue.* Novembre 1891).

LES FRAIS DE RÉGIE DE L'ENREGISTREMENT. In-8°. 1891. (Extrait des *Annales de l'Enregistrement*).

L'ENREGISTREMENT ET LA RÉFORME DES LOIS FONCIÈRES. In-8°. 1891.

RAPPORT SUR LE MODE D'ORGANISATION DES BUREAUX D'HYPOTHÈQUES (Présenté au Congrès de la propriété foncière de 1892, au nom de la commission permanente du Congrès international foncier de 1889). In-8°. 1892. Challamel, éditeur à Paris. *Epuisé.*

NOTE sur l'application dans la ville de Paris de la loi du 9 Messidor an III, d'après les Archives de l'Enregistrement. In-8°. 1892 (Imprimerie nationale).

LE CONGRÈS INTERNATIONAL DE LA PROPRIÉTÉ FONCIÈRE (2e session. *Le Notariat et l'Enregistrement*). In-8°. 1892.

La dette agraire et l'héritage foncier. In-8°. 1894 (*Annales*).

Mémoire a consulter pour la défense des Conservateurs des hypothèques, à raison de prétendus dommages causés dans l'exercice de leurs fonctions (*Cour de Rouen*). In-8°. 1894.

Mémoire sur le droit de saisie en France. Grand in-8°. 1895 (Imprimerie nationale).

De la valeur des terrains et immeubles a Paris a différentes époques. Grand in-8°. 1895 (Société de statistique de Paris).

La Banque de France a travers le siècle, d'après les Archives de la Banque et les documents parlementaires. In-8°. 1896. Guillaumin et Cie, éditeurs.

De la condition légale des Conservateurs des hypothèques *et de leurs rapports avec le budget*. In-8°. 1895 (*Revue politique et parlementaire*).

Le Budget de 1896 (*Nouvelle Revue*. Novembre 1895).

Etudes de décentralisation administrative. — Le service central de l'Enregistrement. In-8°. 1895 (Extrait des *Annales de l'Enregistrement*).

ÉCONOMIE POLITIQUE ET SOCIALE

Dix ans d'administration française en Savoie, de 1860 à 1870 (études statistiques, d'après les Archives, des différents services publics. *Couronne par l'Académie des Sciences en 1875. Epuisé.*

Statistique de la vie humaine et de l'instruction primaire avant 1789, d'après les registres des paroisses de la ville de Châtellerault. In-4°. *Couronné par l'Académie des Sciences en 1879. Epuisé.*

Les cahiers de doléances des mineurs français, sous le pseudonyme de Georges Stell, 20e édition. In-18. 1883. *Epuisé.*

Les ouvriers mineurs (*Nouvelle Revue*, 15 mars 1884).

La vie a bon marché en Normandie (Etudes d'économie sociale). In-8°. 1888.

Les adversaires de la propriété. In-18. 1896. Paris, Guillaumin, éditeur. *Couronné par le Comité de défense et de progrès social.*

HISTOIRE

Soixante ans de l'histoire de Savoie au xvie siècle. In-4°. 1865. *Epuisé.*

Réflexions sur l'Alesia de Savoie et l'histoire de Jules César, d'après les textes et la topographie. In-8°. 1867. *Epuisé.*

Les femmes d'autrefois. Jacqueline de Montbel, veuve de Coligny, d'après les papiers inédits de Berne et de Turin. In-18. 1869.

Saint François de Sales et son temps. In-18. Chambéry. 1869.

Histoire de Savoie, d'après les documents originaux, depuis les origines jusqu'à l'annexion de 1860. 3 vol. in-8° avec carte. 1868-1869. 2e édition. Didier, éditeur à Paris. *Couronné par l'Académie française en 1871.*

LE GÉNÉRAL DE BOIGNE, d'après les documents inédits (Une page inconnue de l'histoire des Français dans l'Inde). In-8°, portraits et cartes. 1873.

L'ENNEMI HÉRÉDITAIRE (Histoire des invasions germaniques en France). 4e édition. In-18, avec trois cartes. Dentu, éditeur. 1875-1877. *Epuisé.*

INVENTAIRE HISTORIQUE DES ARCHIVES MUNICIPALES DE CHATELLERAULT, antérieures à 1790. In-4° (imprimé par ordre et aux frais du Conseil municipal). 1877. *Epuisé.*

LE RÔLE DES ÉMIGRÉS DE 1789 A 1802, d'après des papiers inédits (*Revue des Deux-Mondes*. 1880).

L'ARMÉE DE CONDÉ, d'après des papiers inédits (*Nouvelle Revue*, 1er et 15 mai 1898).

LA RÉVOLUTION EN PROVINCE, d'après les registres des municipalités (L'esprit public et les élections à Châtellerault, de 1788 à 1790). In-18. 1881 (L'esprit public et les élections au Havre, de 1787 à 1790). In-8°. 1889.

HISTOIRE D'UN SIÈCLE, d'après les Archives des bureaux d'enregistrement (*Annales de l'Enregistrement*). In-8°. 1889.

UN ÉPISODE DE L'HISTOIRE RÉVOLUTIONNAIRE. Les Fermiers généraux (*Nouvelle Revue*. Août 1892).

MONOGRAPHIE DE LA COMMUNE DE VIC-DE-CHASSENAY, canton de Semur (Côte-d'Or), avant et depuis 1789. In-8°. 1884.

MONOGRAPHIE DU DOMAINE RURAL DE LA ROCHETTE, en Bourgogne, de 1523 à 1885, d'après les documents inédits. In-8°. Imprimerie nationale (*Bulletin du Comité des travaux historiques*. 1886).

LES VIEILLES ARCHIVES D'UN BUREAU D'HYPOTHÈQUES A PARIS. In-8°. 1892. (*Annales*).

MÉMOIRE SUR LA PROPRIÉTÉ RURALE EN BOURGOGNE. In-8°. 1896. Imprimerie nationale (Extrait du *Bulletin des sciences économiques et sociales du Comité des travaux historiques*).

MONOGRAPHIE DE LA COMMUNE DE CHASSEY-EN-AUXOIS. In-8°. 1898 (Extrait du *Bulletin de la Société des sciences historiques et naturelles de Semur*).

DIVERS

MONOGRAPHIE DU TRIBUNAL DE COMMERCE DU HAVRE. In-8°. 1890.

LE LYCÉE DE JEUNES FILLES DU HAVRE. In-8°. 1890.

L'ACADÉMIE ROYALE DE BELGIQUE. In-8°. 1890 (Société havraise d'Etudes diverses).

LES FLEURS COUPÉES. Poésies, avec une préface de Victor Cherbuliez. In-18. 1883. *Epuisé.* Sous le pseudonyme de Georges Stellio.

Pour paraître prochainement :

HISTOIRE DOCUMENTAIRE DE L'ADMINISTRATION DE L'ENREGISTREMENT ET DES DOMAINES, depuis les origines jusqu'en 1896, d'après les textes originaux et les documents d'archives.

LES SERVITUDES AGRAIRES AU XXe SIÈCLE ou la démoralisation par l'impôt.

L'HYPOTHÈQUE A TRAVERS LES AGES, étude d'économie sociale et de droit public, d'après les monuments historiques, les textes juridiques et les documents d'archives.

L'HÉRITAGE ET LA FAMILLE FRANÇAISE (*Home stead des Américains*).

Havre. — Imprimerie du Journal LE HAVRE (L. Murer), 35, rue Fontenelle

www.ingramcontent.com/pod-product-compliance
Ingram Content Group UK Ltd.
Pitfield, Milton Keynes, MK11 3LW, UK
UKHW012301240726
13966UKWH00004B/1544